Vorwort

> *Niemand kann eine Sinfonie flöten. Es braucht ein Orchester, um sie zu spielen.*
> *Halford E. Luccock*

Liebe Leserinnen, liebe Leser!

Das wichtigste „Werkzeug" einer Kindertageseinrichtung ist eine gute Zusammenarbeit des Teams. Keine pädagogische Fachkraft könnte dieses komplexe Unternehmen mit seinen unterschiedlichen Schwerpunkten und vielfältigen Aufgaben allein stemmen. Wie ein wertvolles Werkzeug, so muss auch das Team pfleglich behandelt und regelmäßig „gewartet" werden. Ein wesentlicher Faktor, um die Qualität der Arbeit zu sichern und weiterzuentwickeln!

Es braucht eine Gruppe von Menschen mit unterschiedlichen Kompetenzen, die in einer Kita engagiert zusammenwirken und erfolgreiche Arbeit leisten. Das ist aber noch kein Team – dieses entwickelt sich erst. Darüber, welche Qualitäten den Unterschied machen, lesen Sie im Kapitel „Was ein gutes Team ausmacht". Dort erfahren Sie, wie aus einer Gruppe ein Team wird und wie Sie diesen Prozess als Leitungskraft unterstützen können.

Kenntnisse über Teamentwicklung sind dabei ebenso von Bedeutung wie die verschiedenen Fähigkeiten und Rollen, die durch eine kluge Führung erst richtig zum Einsatz kommen. Ein ganz wesentlicher Aspekt konstruktiver und wirkungsvoller Zusammenarbeit ist unbestritten die Kommunikation innerhalb des Teams. Das Kapitel „Wertschätzende Kommunikation" gibt Ihnen deshalb wichtige Hilfsmittel und Empfehlungen für das Gelingen von Kommunikationsprozessen an die Hand.

Ich bin mir sicher, dass sich in den unterschiedlichen Beiträgen von „Entwicklung eines Wir-Gefühls" über „Wie Teams gemeinsame Ziele entwickeln", „Individuelle Fähigkeiten und Stärken für das Team nutzen" bis „Widerstände, Konflikte und Krisen im Team" viele Anregungen gerade für Ihr Team finden.

Dabei ist mir die Nähe zur Praxis mit entsprechenden Beispielen ein besonderes Anliegen. Diese finden sich in jedem einzelnen Kapitel und sollen den praktischen Nutzen der dargestellten Aspekte verdeutlichen.

Ein Teil der Beiträge wurde bereits in verschiedenen Ausgaben von kindergarten heute – Das Leitungsheft veröffentlicht, andere wurden exklusiv für dieses Sonderheft verfasst.

Teamarbeit mit all ihren Facetten ist mir persönlich sehr vertraut – sei es als Leiter von Kitas, sei es in der Zusammenarbeit des Ausbildungsteams an einer Fachakademie für Sozialpädagogik in Oberbayern. Auch wenn es immer mal wieder schwierige Phasen durchzustehen galt: Ohne die vertrauensvolle und verlässliche Zusammenarbeit im Team wäre meine berufliche Entwicklung sicher ganz anders verlaufen. Ich durfte erfahren, dass ein entwicklungsfähiges und kompetentes Team für jedes seiner Mitglieder ein Gewinn ist und den Kindern und deren Eltern, aber auch den Erzieher(inne)n in Ausbildung zugutekommt. Daher lohnt es sich in jedem Fall, Zeit, Energie und Arbeitskraft dafür einzusetzen!

In diesem Sinne wünsche ich Ihnen viele gute Impulse und Anregungen aus diesem Heft und die Möglichkeit, diese in und mit Ihrem Team umzusetzen.

Michael Pfreundner

Michael Pfreundner

ist Dipl.-Sozialpädagoge (FH) sowie Paar- und Familientherapeut (DFS). Er lehrt an der Fachakademie für Sozialpädagogik in Rottenbuch/Oberbayern und ist Fortbildner und Supervisor. Er hat langjährige praktische Erfahrung als Leiter u.a. eines integrativen Kindergartens und einer heilpädagogischen Tagesstätte.

Inhalt

I. Den Zusammenhalt im Team stärken 3

1. Was ein gutes Team ausmacht 3
2. Gemeinsam Entscheidungen treffen und tragen 7
3. Hierarchien und die Kunst des Delegierens 11
4. Widerstände, Konflikte und Krisen im Team 15
5. Wertschätzende Kommunikation 19
6. Neue Mitarbeiter/-innen ins Team einführen 23
7. Mitarbeiter/-innen wertschätzend verabschieden 27

II. Die Weiterentwicklung des Teams fördern 30

1. Wie aus einer Gruppe ein Team wird 30
2. Entwicklung eines Wir-Gefühls 35
3. Individuelle Fähigkeiten und Stärken für das Team nutzen 38
4. Wie Teams gemeinsame Ziele entwickeln 42
5. Motivation im Team fördern 45
6. Die kollegiale Beratung 49

Fragebogen zur Selbstreflexion 54

Methodenübersicht 55

Danksagung 56

Impressum 56

I. Den Zusammenhalt im Team stärken

1. Was ein gutes Team ausmacht

Im Team sind alle Mitarbeiter/-innen gefordert, die gemeinsamen Ziele der Einrichtung zu unterstützen, ihrer jeweiligen Aufgabe gerecht zu werden und einen ehrlichen bzw. respektvollen Umgang untereinander zu kultivieren. Doch klar ist: Eine Gruppe von Menschen, die nebeneinander den gleichen Job ausüben, ist nicht automatisch schon ein Team. Ein solches kann nur dann entstehen, wenn bestimmte Kriterien erfüllt sind. Fünf Qualitätsmerkmale von Teams sind hier zu nennen:

1. Eine begrenzte Anzahl von Mitgliedern

Über die optimale Größe eines Teams gibt es verschiedene Untersuchungen. So kam eine Forschergruppe um Wu Yang[1] von der Universität Michigan auf die ideale Zahl von neun. Wissenschaftler um Peter Klimek[2] von der medizinischen Fakultät Wien arbeiteten heraus, dass Teams ab 20 Personen nur schwer zu gemeinsamen Entscheidungen finden und sich die Mitglieder oftmals unversöhnlich gegenüberstehen. Ist das Team hingegen zu klein (unter fünf Mitglieder), entstehen oft nicht die typischen Synergieeffekte, die ein vielseitiges Team auszeichnet. Nun liegt es jedoch nicht in der Hand der Leitung, wie groß oder klein ihr Team ist. Allerdings können diese Erkenntnisse in Überlegungen mit einfließen, wie sich Teamarbeit am besten gestalten lässt. So kann es durchaus sinnvoll sein, wenn eine Kita, die aus Krippe, Kindertagesstätte und Hort besteht, Untergruppen in den jeweiligen Bereichen bildet und nur zu bestimmten Vorgängen oder Entscheidungen wieder zusammenkommt. Untergruppen (Subteams) können dann auch andere Entscheidungswege nutzen als das große Gesamtteam.

2. Synergieeffekte durch einander ergänzende Fähigkeiten

Wenn Faktoren zusammentreffen, die sich gegenseitig fördern, entstehen Synergieeffekte. Das Ineinandergreifen unterschiedlicher fachlicher und persönlicher Kompetenzen macht deshalb einen entscheidenden Vorteil von pädagogischen Teams aus. Nicht jedes Teammitglied verfolgt mit denselben Mitteln dasselbe Ziel. Dies wäre auch gar nicht sinnvoll. So braucht es Menschen, die stetig eine bestimmte Aufgabe verfolgen, während andere mutig und überzeugt neue Ideen und alternative Möglichkeiten einbringen. Gleichzeitig sind auch gewissenhafte Persönlichkeiten gefragt, die verschiedene Aspekte gründlich abwägen, und Menschen, die andere motivieren und Entwicklungen voranbringen. Hinzu kommen unterschiedliche fachliche Kompetenzen und persönliche Fähigkeiten. Um beides einbringen und nutzen zu können, müssen fachliche und persönliche Kompetenzen gleichberechtigt nebeneinanderstehen. Missgunst und Neid zerstören dagegen jede konstruktive Teamarbeit. Als Leitungskraft fördern Sie Synergieeffekte, indem Sie die Fähigkeiten der einzelnen Teammitglieder wahrnehmen und anerkennen. Manchmal hilft zusätzlich noch Ermutigung, besonders wenn sich Fachkräfte erst im Verlauf der Zusammenarbeit bestimmter Fähigkeiten bewusst werden. Das Feingefühl der Leitung sowie gezieltes Coaching, etwa im Rahmen der regelmäßigen Mitarbeitergespräche, sind daher bedeutsame Instrumente von Teamentwicklung.

3. Gemeinsamkeit durch gemeinsam getragene Ziele

Entsteht ein Team neu oder ergeben sich in einem schon bestehenden Team viele personelle Veränderungen, so kann dies auch als Chance genutzt werden, in gemeinsamer Konzeptionsarbeit die Ziele neu miteinander abzustimmen. Arbeitet ein Team hingegen schon lange zusammen, besteht erfahrungsgemäß die Gefahr, in Routine zu erstarren. Als Leitung können Sie das deutlich feststellen, wenn die Arbeitsfreude der Mitarbeiter/-innen langsam verloren geht und aus einer gewissen Trägheit heraus neue Impulse und Ideen nicht angenommen oder zugelassen werden. Deshalb ist es sinnvoll, sich die konzeptionell verankerten pädagogischen Ziele immer wieder gemeinsam zu vergegenwärtigen, sie zu überprüfen und ggf. neu auszurichten. Gleichzeitig ist zu hinterfragen, ob diese Ziele mit den angewandten Methoden auch wirklich erreicht werden oder ob methodische Änderungen angezeigt sind. Die gemeinsame Fortschreibung der Konzeption ist gleichzeitig eine wichtige Maßnahme zur Teamentwicklung. Klausurtage oder eigens angesetzte Teamsitzungen eignen sich hervorragend dazu, gesetzte Ziele allen bewusst zu machen, ggf. anzupassen und die Methoden zur Erreichung dieser Ziele miteinander abzustimmen.

4. Engagement für einen gemeinsamen Arbeitsansatz

Wenn ein Gefühl von Verbundenheit besteht, kann sich auch Engagement entwickeln. Dazu müssen zwei Voraussetzungen vorhanden sein: ein Wir-Gefühl, das von gegenseitigem Vertrauen geprägt ist, und ein gemeinsames Anliegen, für das die Mitglieder brennen. Wenn diese Energie in einem Team vorhanden ist, sind meist auch alle davon überzeugt, dass sich der Einsatz für eine bestimmte Sache lohnt. Gleichzeitig fühlen sich Mitarbeiter/-innen vom Team getragen und mitgenommen. Wenn Sie sich als Leitung engagierte Mitarbeiter/-innen wünschen, sollten Sie zunächst überprüfen, ob und inwiefern die genannten Voraussetzungen im Team vorhanden sind. Maßnahmen, die das Wir-Gefühl stärken, sind keine verschwendete Energie, sondern fördern wertvolle Teamressourcen. Dazu gehören sowohl formelle, fachlich orientierte Abstimmungsprozesse als auch informelle Veranstaltungen wie beispielsweise betriebliche Feiern und gemeinsame Unternehmungen, bei denen Erfolge entsprechend gewürdigt werden.

5. Identifikation mit dem Team und seiner Arbeit durch einen gemeinsamen Existenzzweck

Hier geht es um einen ganz grundsätzlichen Aspekt. Nur Mitarbeiter/-innen, die von der Sinnhaftigkeit ihrer Tätigkeit überzeugt sind, werden auch nach außen hin überzeugend wirken. In der Regel kann man davon ausgehen, dass die pädagogische Fachkraft ihren Beruf aus Überzeugung ausübt und diese auch ins Team einbringt. Dies aufrechtzuerhalten bedarf eines stetigen Qualitätsmanagements in der Einrichtung. Sind die Voraussetzungen für eine qualifizierte pädagogische Arbeit über einen längeren Zeitraum nicht gegeben, macht sich bei den Mitarbeiter(inne)n Frustration breit und sie gehen unter Umständen sogar in die innere Kündigung. Als Leitung besteht eine Ihrer Aufgaben darin, Ihrem Team den Rücken freizuhalten, damit es seinen pädagogischen Auftrag erfüllen kann. Mit einem soliden qualitativen Konzept sorgen Sie für weitgehend beständige Arbeitszufriedenheit. Die Teilhabe an der Weiterentwicklung des gemeinsamen Qualitätskonzepts gehört ebenso dazu wie Erfolge wahrzunehmen und zu würdigen. Ein Team, das Überzeugungen teilt und in dem ein gutes Arbeitsklima spürbar ist, ist auch in der Lage, schwierige Phasen gut zu überstehen.

Merkmale erfolgreicher Teams

„Das ideale Team ist ein Team, in dem alle Mitglieder mit Begeisterung auf das gleiche Ziel hinarbeiten. Jedes Mitglied wird entsprechend seiner Stärken und Talente eingesetzt und alle Mitglieder verstehen sich untereinander hervorragend“ (Burkhard Heidenberger, Teamtrainer).[3] Die hier beschriebene Situation stellt in der Praxis wohl eher die Ausnahme als einen Dauerzustand dar. Viele Teams befinden sich beständig auf dem Weg, ihre Zusammenarbeit zu optimieren und Vertrauen untereinander zu entwickeln. Auf einem guten Weg ist ein Team, wenn es dabei wichtige Aspekte berücksichtigt. Die Stanford University hat für ihre Studenten Charakteristika effektiver Teams zusammengestellt, von denen sich einige gut auf die Arbeit in Kitas übertragen lassen.[4]

1. Gemeinsame Zielorientierung

In einer – idealerweise gemeinsam entwickelten – pädagogischen Konzeption sind die Ziele der Kindertagesstätte klar beschrieben und werden von allen Teammitgliedern akzeptiert. Ein erfolgreiches Team läuft nicht blind drauflos. Jedem Teammitglied sollte klar sein, auf welches Ziel hingearbeitet wird und wo die Arbeit beginnt. Gemeinsame Ziele verbinden und schaffen einen Grundkonsens, auf den man sich verlassen kann. Ein innovatives Team ist natürlich trotzdem in der Lage, überkommene Ziele infrage zu stellen und ggf. neu zu definieren.

2. Starke Zusammengehörigkeit: Wir-Gefühl

Loyalität, füreinander Einspringen und achtsamer Umgang miteinander: Das sind Merkmale eines tatsächlich vorhandenen Wir-Gefühls. Die Mitglieder wissen, was ihr Team auszeichnet, und sind stolz darauf. Ein ausgeprägtes Wir-Gefühl zeigt sich in der Bereitschaft zu gemeinsamer Verantwortung und ist geprägt von gegenseitigem Vertrauen. „Damit habe ich nichts zu tun, das liegt nicht in meinem Verantwortungsbereich“: In guten Teams wird man diesen Satz nicht hören. Zeichnet sich ein Team durch ein stabiles Grundvertrauen aus, wird jede Fachkraft Verantwortung übernehmen. Das Team ist in dieser Situation außerdem besser in der Lage, Belastungen standzuhalten und Krisen gemeinsam zu meistern. Konflikte sind in solchen Teams in der Regel keine unüberwindbaren Hindernisse, sondern alle fühlen sich verantwortlich, an guten Lösungen mitzuwirken. Als Leitung sollten Sie darauf bedacht sein, durch Rituale und gemeinsame Unternehmungen das Wir-Gefühl zu stärken.

3. Klare und konstruktive Kommunikation

In erfolgreichen Teams gibt es keine Eigenbrötelei. Wichtige Entscheidungen werden in der Regel gemeinsam getroffen. Ist das nicht möglich oder wenig sinnvoll, werden die Mitglieder des Teams rechtzeitig darüber informiert. Wenn ihnen die Einsicht in die Entscheidungsgrundlagen vorenthalten wird, werden Alleingänge einer Kollegin bzw. eines Kollegen oder Vorgesetzten von den Teammitgliedern unter Umständen als ignorant oder bevormundend wahrgenommen. Im schlimmsten Fall leiden das Vertrauen und die Motivation des Einzelnen darunter und letztendlich die Effektivität des Teams. Ist die Kommunikation der Teammitglieder untereinander selbstverständlich und sind Entscheidungswege transparent, erleben sich alle als gleichermaßen bedeutsam und werden dies durch entsprechenden Einsatz honorieren.

4. Ordnende Struktur, die Arbeitsabläufe vereinfacht

Teams sind meistens in irgendeiner Form hierarchisch organisiert. Das ist erfahrungsgemäß notwendig und entlastend zugleich. Schließlich muss jemand für übergeordnete Organisations- und Steuerungsfragen zuständig bzw. verantwortlich sein. Doch Hierarchien haben Nebenwirkungen: Sie lenken den Blick der Teammitglieder auf Fragen von Kontrolle und Zuständigkeit oder lösen bei Einzelnen sogar Konkurrenzgefühle aus. Hier ist es an der Leitung, ihre Position klar zu vertreten, eine sinnvolle Struktur zu bewahren und klare Kommunikationswege einzufordern. Letztendlich geht es – wie bereits erwähnt – darum, dass die Leitung eines pädagogischen Teams den Teammitgliedern den Rücken freihält.

5. Abgeklärte Rollen

In einem gut funktionierenden Team greifen – bildlich gesprochen – die einzelnen Zahnräder eines Getriebes optimal ineinander. Bis dies reibungslos gelingt, bedarf es entsprechender Zeit und häufiger Kommunikation. Jedes Teammitglied nimmt die ihm übertragenen Aufgaben innerlich an und übernimmt die Verantwortung dafür. Sind im Team die Rollen klar definiert (z.B. durch Stellenbeschreibungen) und werden individuelle Aufgaben bei Bedarf abgeklärt, so ist damit eine wichtige Grundlage zur Arbeitszufriedenheit geschaffen. Darüber hinaus ist ein reflektierter Prozess im Team notwendig, um evtl. unausgesprochene Erwartungen, die das Zusammenwirken behindern könnten, transparent zu machen.

6. Transparente, nachvollziehbare Regeln und Normen

Regeln sind bewusst gesetzte und vereinbarte Vereinbarungen des Teams über Verhaltensweisen in bestimmten Situationen. Regeln dienen dazu, Arbeitsabläufe zu steuern, zu vereinfachen und Vorgehensweisen für alle verständlich zu machen. Jedes Team entwickelt im Lauf der Zeit aber auch unausgesprochene soziale Normen. Beispiel: „Spätestens fünf Minuten vor Dienstbeginn in der

Merkmale erfolgreicher Teams

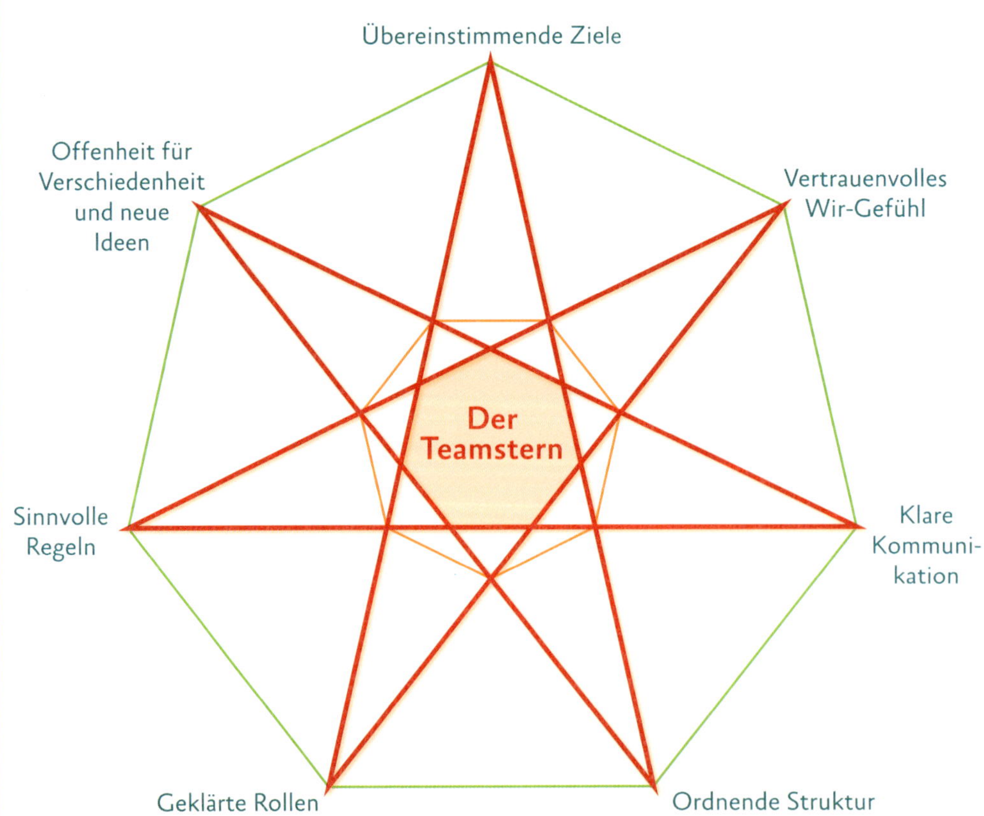

Kita eintreffen!“ Gerade für neue Mitarbeiter/-innen ist es nicht immer leicht, der damit verbundenen Erwartungshaltung zu entsprechen. Auch deshalb sollten solche Normen transparent gemacht werden. Normen und Regeln sind dazu da, den Mitarbeiter(inne)n Sicherheit und Orientierung zu geben, und nicht, um sie zu verunsichern. Eine vertrauensvolle Atmosphäre im Team wird unterstützt durch sinnhafte Regeln, die auch infrage gestellt werden dürfen, und förderliche soziale Normen, über die auch kommuniziert wird. Letztendlich ist es Aufgabe der Leitung, darauf zu achten, dass die vereinbarten Regeln, die eine zufriedenstellende Zusammenarbeit erst ermöglichen, auch eingehalten werden (z.B. regelmäßige Teilnahme an Teamsitzungen, Gesprächsregeln usw.).

7. Offenheit für Unterschiedlichkeit und notwendige Veränderungen

Diversität macht eine Arbeitsgruppe flexibler und erhöht die Fähigkeit, Lösungen zu entwickeln. Unterschiedliche Perspektiven sorgen für eine umfassendere Sicht der Dinge und sind Voraussetzung für Innovation. Ein kreatives Team ist in der Lage, etablierte Strukturen und Arbeitsverfahren notfalls infrage zu stellen und auch neue Wege zu gehen. Gerade wenn hin und wieder aus der Routine ausgebrochen wird, entstehen neue Ideen. Regelmäßige Evaluationsprozesse und eine beständige Weiterentwicklung der pädagogischen Konzeption sind hierfür wirksame Instrumente. Auch Offenheit gegenüber neuen Mitarbeiter(inne)n und ihren Ideen bzw. Vorstellungen bereichern das Team (siehe Schaubild S. 6).

Fazit

Ein Team ist mehr als eine Gruppe von Menschen, die zusammenarbeiten. Erst wenn bestimmte Qualitätsmerkmale zutreffen, ist der Teamgedanke auch umgesetzt. Jedes Team muss sich entwickeln, bis es zu einem vertrauensvollen Wir untereinander findet. Dies erfordert beständige Maßnahmen zur Teamentwicklung. Hat sich ein Team dieser Herausforderung gestellt, kann es Synergieeffekte optimal nutzen und ist dann auch in der Lage, schwierige Phasen zu bewältigen.

Anmerkungen

1 Yang, Wu et al. (2013): Nonlinear effects of group size on collective action and resource outcomes: In: PNAS 27/2013, S.10916–10921.

2 Uhlmann B. (2010): Wie groß ist das optimale Team? In: SZ online vom 17.05.2010. www.sueddeutsche.de

3 Burkhard Heidenberger ist Teamtrainer und veröffentlicht seine Arbeit über www.zeitblueten.com

4 Die Stanford University hat ihren Studenten elf Charakteristika effektiver Teams zusammengestellt. An diese habe ich mich teilweise angelehnt. Titel: Characteristics of Effective Teams. Sie finden das Original unter: http://web.stanford.edu/class/e145/2007_fall/materials/collins_effective_teams.html

2. Gemeinsam Entscheidungen treffen und tragen

Entscheidungen im Team stehen ständig an. Damit eine breite Identifikation bei der Umsetzung getroffener Entscheidungen erreicht wird, ist es am besten, wenn möglichst das ganze Team dahintersteht.

Um Entscheidungen professionell anzugehen, sind in der Regel zunächst folgende Fragestellungen zu berücksichtigen:

- Wie sehen die verschiedenen Entscheidungsebenen innerhalb der Einrichtung aus?
- Auf welchen dieser Ebenen können bzw. sollen Entscheidungen mit dem Team getroffen werden?
- Wie müssen die Entscheidungsprozesse verlaufen, um möglichst das gesamte Team mitzunehmen und dadurch für mehr Identifikation zu sorgen?

Bestimmte grundsätzliche Gegebenheiten sind nicht diskutierbar. Da wird von den Teammitgliedern erwartet, dass sie diese akzeptieren. Beispielsweise ist der Grundsatz von Inklusion behinderter Menschen gesetzlich festgelegt und durch die Ratifizierung der UN-Behindertenrechtskonvention in Deutschland verpflichtend. Das Team einer Kita kann also nicht darüber eine Entscheidung fällen, ob behinderte Kinder aufgenommen werden oder nicht. Im Rahmen des Spielraums, den der Träger lässt, können die pädagogischen Fachkräfte jedoch darüber entscheiden, welche Unterstützung sie brauchen, um einem Kind mit einer bestimmten Behinderung auch tatsächlich gerecht zu werden. Als Leitung müssen Sie also unterscheiden zwischen Entscheidungen, die im Team erfolgen können, und Grundlagen, die in der Kita vorgegeben sind. Ebenso wenig trifft das Team zum Beispiel Personalentscheidungen, auch nicht die Leitung. Die meisten Träger behalten sich die Einstellung des Personals vor, der Leitungskraft wird dabei ein Vorschlagsrecht zugestanden. Diese wiederum holt dazu vielleicht die Einschätzung der Kolleg(inn)en ein, beispielsweise nach einem Probearbeitstag der Bewerberin bzw. des Bewerbers. Auch hier handelt es sich also nicht um eine gemeinsame Entscheidung, sondern um die Möglichkeit, eine Empfehlung auszusprechen. Ob der Träger diese dann berücksichtigt, ist letztlich seine Entscheidung.

Einbindung in Entscheidungsprozesse

Mitarbeiter/-innen, die in Entscheidungsprozesse eingebunden werden, sind emotional enger an das Unternehmen Kita gebunden. Sie identifizieren sich stärker mit der Einrichtung und sind eher bereit, Leistung über das geforderte Maß hinaus zu erbringen (vgl. Schumacher 2016, S. 17f.). Jedem Teammitglied sollte jedoch klar sein: Wer mitentscheiden möchte, muss in der Konsequenz auch bereit sein, die Mitverantwortung für gemeinsame Entscheidungen zu übernehmen. Stehen Mitarbeiter/-innen hinter Entscheidungen, so treten sie nach außen hin geschlossener auf und wirken überzeugender. Für die einzelne Fachkraft wiederum wirkt es entlastend, wenn sie mit den Konsequenzen einer Entscheidung nicht allein dasteht, sondern die Solidarität des Teams hinter sich weiß (siehe Praxisbeispiel S. 9).

Entscheidungsebenen in einer Kindertageseinrichtung

Bereich	Aufgabe	Entscheidungsmöglichkeit
Gesetzliche Grundlagen	Festlegung der Aufgaben von Kindertageseinrichtungen durch den Staat bzw. die Länder.	Keine direkten Entscheidungsmöglichkeiten, indirekt über politische Gremien und Berufsverbände.
Konzept/Leitbild des Trägers	Festlegung der grundsätzlichen Ausrichtung einer Kita durch den Träger – im Rahmen gesetzlicher Möglichkeiten. Beispiel: Elterninitiative gründet Waldkindergarten.	Keine Entscheidungsmöglichkeit durch pädagogische Mitarbeiter/-innen. Diese orientieren sich bei der Stellenwahl daran, ob sie das Konzept mittragen können.
Pädagogische Konzeption	Erstellung durch Leitung und Team auf Grundlage der gesetzlichen Vorgaben und des Trägerkonzepts.	In diesem Bereich eröffnet sich ein breiter Entscheidungsspielraum für das Team.
Rahmenbedingungen	Personalschlüssel, Öffnungszeiten, Einstellung neuer Mitarbeiter/-innen	Entscheidung durch den Träger. Mitarbeiter/-innen werden ggf. nach Einschätzung gefragt, der Leitung wird ein Vorschlagsrecht zugestanden.
Umsetzung des pädagogischen Auftrags und der Ziele	Delegierung dieses Auftrags durch den Träger an das Fachpersonal unter Vorbehalt einer Kontrollfunktion.	Im Rahmen der gesetzlichen Vorgaben, des Trägerkonzepts und der pädagogischen Konzeption haben Mitarbeiter/-innen hier oft großen Entscheidungsspielraum. Weitgehende Ausgestaltung durch das Team.
Organisatorischer Rahmen zur Gestaltung von alltäglichen Abläufen, Festen und Feiern	In der Verantwortung der Einrichtungsleitung.	Je nach Situation ermöglicht Leitung die Einbindung des Teams in Entscheidungsprozesse.

Praxisbeispiel

Das Team einer Kita hat sich für die Einführung einer spielzeugfreien Zeit entschieden. Zuvor hatten sich die Fachkräfte mit dem Thema auseinandergesetzt, Kinder und Eltern eingebunden und die organisatorischen Voraussetzungen geschaffen. Obwohl die überwiegende Mehrheit der Eltern von dieser Maßnahme überzeugt ist, beschweren sich einzelne Eltern über fehlende Angebote in dieser Zeit. Einer Erzieherin, die eine entsprechende Beschwerde entgegennimmt, gelingt es vor allem deshalb, die Argumente für diese pädagogische Maßnahme überzeugend zu vermitteln, weil sie sich durch den breiten Konsens des Teams gestärkt fühlt. Nicht zuletzt steht auch sie selbst hinter einer spielzeugfreien Zeit und kann aufschlussreiche Erfahrungen und Beobachtungen dazu beisteuern.

Richtungsgebende Entscheidungen

Diese finden im Team statt, betreffen die grundsätzliche Ausrichtung der pädagogischen Arbeit und werden schließlich in der pädagogischen Konzeption festgeschrieben. Der Unterschied zwischen Konzept und pädagogischer Konzeption besteht darin, dass der Träger das Konzept als grundlegende Ausrichtung vorgibt. Zum Beispiel die Kita als eine Einrichtung zu führen, die nach christlichen Prinzipien arbeitet. Die pädagogische Konzeption hingegen wird vom Team entwickelt und vom Träger danach „abgesegnet".

Praxisbeispiel

Einige Mitarbeiterinnen der Kita „Sonnenschein" halten die pädagogische Ausrichtung am offenen Konzept für geeignet, um Kindern eine verantwortungsvolle Selbstbestimmung über ihre eigenen Bildungsprozesse zu ermöglichen. Andere Kolleginnen haben Bedenken, was die praktische Umsetzung anbelangt. Eine dritte Gruppe im Team kann sich nur schwer damit anfreunden, die Gruppenstruktur zu verlassen. Dies führt zu intensiven, zum Teil auch emotional stark aufgeladenen Diskussionen. Das Team steht vor der Entscheidung, ob es sich auf den arbeitsintensiven und zeitaufwendigen Prozess der Umgestaltung einlassen möchte.

Entscheidungen, bei denen alle mitgenommen werden

Klar ist: Eine knappe Mehrheitsentscheidung kann zu einer tiefen Spaltung im Team führen. Angenommen 52% der Mitarbeiter/-innen sprechen sich für die Arbeit nach dem offenen Konzept aus, 48% sind dagegen, so

würde unter Umständen fast die Hälfte der pädagogischen Fachkräfte die geplante Umgestaltung nicht mittragen. Das offene Arbeiten würde sich dann als äußerst konflikthaft erweisen und wäre letztlich zum Scheitern verurteilt. Doch was führt zu einer tragfähigen Entscheidung in dieser Situation? Alles beim Alten zu belassen, ist auch keine Lösung. In diesem Fall würde die Unzufriedenheit der „Reformer" im Team zu einer Spaltung führen und dadurch evtl. sogar zur inneren oder tatsächlichen Kündigung einer ganzen Reihe von Mitarbeiter(inne)n. Der Psychologe Thomas Gordon entwickelte in den 1970er-Jahren zunächst für Familien die sogenannte niederlagelose Methode. Deren Kernpunkte sind:

- die Weisheit des sozialen Systems nutzen,
- aktives Zuhören,
- Gefühle mit „Ich-Botschaften" ausdrücken und
- zu gemeinsamen Entscheidungen finden, aus denen alle Beteiligten als Gewinner/ innen hervorgehen.

Später entwickelte Gordon die niederlagelose Methode auch für Führungskräfte im Umgang mit Teams. Die „Gewaltfreie Kommunikation" beherzigt diese Prinzipien, das Konsensmodell ist eine Methode, die sie umsetzt und einen Weg aufzeigt, um zu einer gemeinschaftlichen Lösung zu kommen.

Konsensfindung

Grundidee des Konsenses ist es, zu einer gemeinschaftlichen Entscheidung zu finden, die alle im Team mittragen können. Das bedeutet, dass auch unterschiedliche Meinungen zu einem Beschluss zusammengebracht werden, ohne dass die Unterschiede verwischen. Ziel des Konsensverfahrens ist es, möglichst breite Zustimmung zu erreichen. Formal ist der

Welche Richtung schlagen wir ein?

Konsens erreicht, wenn keine betroffene Person ein Veto einlegt. Konsens bedeutet Dialog auf Augenhöhe, der alle Menschen mitnimmt. Man nimmt einander ernst und gesteht sich gleiche Rechte zu. Erst auf dieser Grundlage besteht die Bereitschaft, aufeinander zuzugehen. Diese Methode kann für grundlegende Entscheidungen genutzt werden. Sie erfordert eine längere Auseinandersetzung und eignet sich somit gut, den Prozess im Team zu fördern und dabei die Erfahrungen und das Wissen aller Mitarbeiter/-innen zu nutzen. Konsens ist jedoch nicht:

- Verzicht, kleinster gemeinsamer Nenner
- Verhandlung, Deal oder Kompromiss
- Erfüllung aller Bedürfnisse gleichermaßen

Umsetzung des Konsensverfahrens

Die Konsensfindung ist ein Prozess, der zugleich die Auseinandersetzung mit der Thematik fördert und in mehreren Verfahrensschritten erfolgt:

1. Anliegen klären:
1.1 Situation und/oder Problem klären
1.2 Entscheidungsfrage formulieren

2. Meinungen offenlegen:
2.1 Meinungen in der Runde äußern
2.2 Interessen, Wünsche und Bedürfnisse offenlegen

3. Lösungsvorschläge entwickeln:
3.1 Lösungsmöglichkeiten sammeln
3.2 Lösungsmöglichkeiten diskutieren

4. Konsens herausarbeiten:
4.1 Vorschlag erarbeiten
4.2 Vorschlag nach Konsensstufen bewerten

5. Wenn kein Konsens erreicht wurde,
5.1 zurück zu 3

Die Methode besteht darin, dass zunächst ein konsensfähiger Vorschlag ausgearbeitet wird. Bezogen auf unser Fallbeispiel könnte er so lauten: „Das Team der Kita Sonnenschein beschließt, sich in den kommenden drei Monaten intensiv mit dem offenen Konzept auseinanderzusetzen und dessen Übertragbarkeit auf das bestehende System zu überprüfen." Die Entscheidung erfolgt dann im Rahmen von sechs Konsensstufen, die eine differenziertere Bewertung im Vergleich zu reinen „Ja"- oder „Nein"-Abstimmungen erlauben. Die Frage, wann ein guter Konsens erreicht wurde, lässt sich nicht rein mathematisch, sondern vor allem im menschlichen Miteinander bestimmen.

Sechs Konsensstufen

1. Volle Zustimmung: „Der Vorschlag entspricht meiner Meinung. Ich kann dem voll und ganz zustimmen."

2. Leichte Bedenken: „Ich habe leichte Bedenken. Diese sind aber nicht so schwerwiegend, dass ich nicht zustimmen kann. Ich möchte jedoch mit meinen Bedenken gehört werden."

3. Enthaltung: „Ich kann mich nicht eindeutig positionieren. Ich werde die Teamentscheidung akzeptieren und bin bei der Umsetzung dabei."

4. Schwere Bedenken: „Ich habe schwere Bedenken, würde die Entscheidung aber in dieser Form mittragen. Ich wünsche mir, dass auf meine Bedenken eingegangen und der Vorschlag abgeändert wird."

5. Beiseitestehen: „Ich kann dem nicht zustimmen und werde mich deshalb an der Entscheidung nicht beteiligen. Ich möchte die Realisierung des Beschlusses aber nicht behindern."

6. Veto: „Ich kann nicht zulassen, dass die Gruppe diese Entscheidung trifft. Ich blockiere den Konsens, bringe aber einen konstruktiven Vorschlag ein, der auf die Interessen des Teams eingeht."

Jede/-r Mitarbeiter/-in hat die Möglichkeit, eine dieser Stufen einzugeben. Der Beschluss gilt als angenommen, wenn die überwiegende Mehrheit die Stufen 1–5 angegeben hat. Dabei werden mögliche Bedenken aufgenommen und notiert. Ggf. wird der entscheidungsfähige Vorschlag dementsprechend noch einmal abgeändert. Sollten einige Kolleg(inn)en ein Veto einlegen, muss grundsätzlich ein neuer Vorschlag erarbeitet werden. Dabei muss natürlich allen bewusst sein, dass ein Veto kein Instrument ist, um die Weiterentwicklung eines Teams zu blockieren. Deshalb besteht auch die Verpflichtung der Veto-Träger, ihrerseits einen konsensfähigen Alternativvorschlag zu unterbreiten. Unter Umständen führt ein Veto auch zu der Frage, ob der Veto-Träger grundsätzlich dazu bereit ist, die qualitative Weiterentwicklung des Teams in irgendeiner Form mitzutragen. Falls nicht, könnte dies in letzter Konsequenz sogar dazu führen, dass er sich deshalb entscheidet, die Gruppe zu verlassen. Meistens ist es jedoch so, dass sich durch das Aufnehmen möglicher Bedenken die pädagogischen Mitarbeiter/-innen ernst genommen bzw. wertgeschätzt fühlen und deshalb bereit sind, sich auf gemeinsame Lösungen einzulassen. Dies kann dann im Ergebnis sogar zu einer fundierteren und reflektierteren Umsetzung führen. In der Kita „Sonnenschein" führte der Konsensprozess dazu, dass die Stammgruppen erhalten blieben, die Kinder sich aber den größten Teil des Tages in selbst gewählten Funktionsbereichen aufhalten können. Außerdem wurden bereits in diesem Prozess wichtige organisatorische Fragen und Umgangsregeln angesprochen, notiert und im weiteren Verlauf der Umstrukturierung geklärt.

Angewendet werden kann das Verfahren bei einer Gruppengröße von bis zu 20 Personen. Bei größeren Teams muss darauf geachtet werden, dass Diskussionen in gesprächsfähigen Teilgruppen von sechs bis acht Personen durchgeführt werden. Hier kann vorab schon viel geklärt und vorsortiert werden. Die Ergebnisse werden dann wieder dem Gesamtteam zur Verfügung gestellt.

Fazit

Nicht in allen Fragen haben Teammitglieder die Möglichkeit, Entscheidungen zu treffen. Die Leitung muss Sicherheit darüber haben, auf welcher Ebene welche Entscheidung zu treffen ist. Bestimmte Entscheidungen, die den täglichen Ablauf betreffen, sollten wie gehabt nach dem Mehrheitsprinzip getroffen werden, damit die Handlungsfähigkeit gewährleistet bleibt. Bei Entscheidungen von großer Tragweite ist es für das Gelingen der Umsetzung von großer Bedeutung, dass diese von allen getroffen werden. Eine einfache Mehrheitsentscheidung ist hier meistens nicht zielführend. Stattdessen wird eine prozesshafte Auseinandersetzung notwendig, bei der das Konsensmodell eine große Hilfe darstellt.

Literatur

Gordon, T. (1995): Managerkonferenz. München: Heyne.

Gordon, T. (2000): Familienkonferenz. München: Heyne.

Sahler, B. et al. (2004): Handbuch zur gewaltfreien Entscheidungsfindung. Baden: Werkstatt für gewaltfreie Aktion.

Schumacher, L. (2016): Kitas als attraktiver Arbeitgeber. In: kindergarten heute – Das Leitungsheft 3/2016, S. 16–20.

3. Hierarchien und die Kunst des Delegierens

Hierarchie ist ein Ordnungsprinzip innerhalb eines Systems, durch das die Rangfolge verschiedener Elemente festgelegt ist. Abgeleitet ist das Wort Hierarchie aus dem Griechischen (ἱερός [hierós] = heilig und ἀρχεῖν [archeín] = herrschen). In Organisationen liegt der große Vorteil von Hierarchien in klaren personellen Positionen und Zuständigkeiten. Der Nachteil besteht in der Vernachlässigung wechselseitiger, vernetzter Zusammenhänge und in einer Erstarrung durch festgefügte Rollen und Aufgaben. Zwar wird die Aufgabenverteilung erleichtert, doch auch dafür braucht es klare Absprachen innerhalb der hierarchischen Struktur.

Rechtliche Struktur

Die Hierarchie im Kontext einer Kita beginnt beim Gesetzgeber. Im Kinder- und Jugendhilfegesetz sind Leistungsvereinbarungen zwischen Trägern und Jugendämtern sowie mit Eltern festgeschrieben. Für Kindertageseinrichtungen bedeutet dies unter anderem, dass von ihnen erwartet wird, ihre Leistungen zu beschreiben, also in der pädagogischen Konzeption offenzulegen. In ihr werden auch die Zuständigkeiten beschrieben. Je transparenter diese für Eltern und die Öffentlichkeit sind, desto einfacher gestaltet sich letztlich die Zusammenarbeit zwischen Einrichtung und Eltern sowie mit Institutionen, die mit der Kita zusammenarbeiten. Der Betreuungsvertrag wird zwischen Träger und Eltern abgeschlossen, wobei der Träger diesen Auftrag an sein pädagogisches Fachpersonal in der

Delegieren bedeutet auch Loslassen-Können

Kita delegiert. Die Leitung hat dafür Sorge zu tragen, dass diese Aufgabe vertragsgemäß und unter Beachtung der gesetzlichen Bestimmungen ausgeführt wird. Das Landesjugendamt als Aufsichtsbehörde ist gemäß SGB VIII §46 dafür zuständig, neben der Erteilung der Betriebserlaubnis nachfolgend auch zu überprüfen, ob die erforderlichen Voraussetzungen weiterhin in den Einrichtungen gegeben sind. Entsprechende Kontrollen erfolgen in der Regel nicht routinemäßig, sondern anlassbezogen. Werden die notwendigen Kriterien nicht eingehalten, so wird die Aufsichtsbehörde diese beim Träger einfordern. Das Arbeitsverhältnis und damit die Weisungsbefugnis sind zwischen Träger und Mitarbeiter/-in in Einklang mit dem Arbeitsrecht individuell geregelt.

In der Regel delegiert der Träger einer Kindertageseinrichtung bestimmte Aufgaben an die Leitung und die pädagogischen Mitarbeiter/-innen. Im Rahmen ihrer Möglichkeiten überträgt wiederum die Leitung bestimmte Aufgaben an das Personal der Kita. Sinnvoll ist es, mithilfe von Arbeitsplatzbeschreibungen Klarheit in der Aufgabenverteilung zu schaffen. Dabei muss sich der Träger an die gesetzlichen Vorgaben und Regelungen halten, wie sie im jeweiligen Bundesland gelten.

Hierarchien aus systemischer Sicht

Systemisch betrachtet sind Hierarchien Ordnungsprinzipien innerhalb sozialer Systeme wie Familien, Teams oder anderer Gemeinschaften. Diese Prinzipien sind aber nicht starr und unveränderlich, sondern wandeln sich aufgrund der Entwicklung und zunehmenden Kompetenz der Mitglieder solcher Systeme. Sie alle verbindet ein gemeinsamer Zweck, hinzu kommt eine mehr oder weniger stark ausgeprägte emotionale Bindung. Genauso kann das Team einer Kita als soziales System gesehen werden. Hierarchien darin werden Subsysteme, auch Untersysteme genannt. Beispielsweise kann das Leitungsteam bestehend aus Leiter/-in und Stellvertretung ein Subsystem der Einrichtung darstellen, aber auch Teams innerhalb einzelner Gruppen oder alle Erzieher/-innen, alle Kinderpfleger/-innen, alle männlichen bzw. alle weiblichen Teammitglieder können als solches benannt werden. Jedes Subsystem hat eigene Kompetenzen und nimmt unterschiedlich Einfluss. Dieser ist nicht immer so genau vorgegeben wie zum Beispiel beim Leitungsteam mit seinen Befugnissen. Manche Hierarchien entwickeln sich unbemerkt, üben dafür jedoch häufig viel Macht aus. Dieser Fall kann eintreten, wenn etwa das Subsystem der erfahrenen Erzieher/-innen innerhalb eines Teams die neu hinzugekommenen Kolleg(inn)en zu kontrollieren versucht und ihnen keine eigene Handlungsfreiheit zugesteht. Wenn Sie als Leitung Verstrickungen dieser Art bemerken, ist es ratsam, Hilfe von außen in Form von Supervision zu holen. Wichtig sind eindeutige Positionen mit klaren Befugnissen innerhalb eines Teams, aber auch die Ermöglichung der Entwicklung einzelner Persönlichkeiten im Team.

Hierarchien im Gefüge einer Kita

Der Gesetzgeber gibt vor, unter welchen Voraussetzungen eine Kita geführt werden darf.

Die Kommune erstellt die Bedarfsplanung und verantwortet die Bereitstellung von genügend Betreuungsplätzen in der Gemeinde.

Das Landesjugendamt ist in jedem Bundesland vorhanden. Im Rahmen der institutionellen Kindertagesbetreuung kommt ihm die Aufgabe zu, die Aufsichtsbehörden hinsichtlich der pädagogischen Qualifikation des Fachpersonals zu beraten und zu unterstützen. Darüber hinaus trägt das LJA Mitverantwortung beim quantitativen und qualitativen Ausbau der Kindertagespflege als gleichberechtigter Form der Kinderbetreuung.

Die Aufsichtsbehörde, in der Regel das örtliche Jugendamt, genehmigt die Einrichtung einer Kita und übernimmt die Fachaufsicht sowie die Qualitätskontrolle.

Der Dachverband ist eine Organisation, die aus mehreren Unterorganisationen besteht. Träger können sich einem Dachverband ihrer Wahl anschließen. Verbunden damit ist meist auch eine gemeinsame Grundüberzeugung, die man in den Kitas zu praktizieren vereinbart. Dachverbände unterstützen die ihnen angeschlossenen Einrichtungen in vielerlei Hinsicht und versuchen Einfluss auf die Gesetzgebung zu nehmen.

Die Träger müssen die Ressourcen für eine gelingende pädagogische Arbeit in ihren Einrichtungen bereitstellen. Ihre spezifischen Aufgaben wurden 2003 in der nationalen Untersuchung zur Trägerqualität gelistet.

Die Leitung und ihre Stellvertretung haben in der Kindertageseinrichtung je nach Bundesland unterschiedlich geregelte Aufgaben. Für gewöhnlich umfassen diese die

- Aufsicht über die pädagogische Arbeit in der Kita,
- Qualitätssicherung,
- Zusammenarbeit mit den Eltern,
- Anleitung von Fach- und Zusatzkräften,
- Zusammenarbeit mit Institutionen, die im sachlichen Zusammenhang mit der Einrichtung stehen.

Das pädagogische Personal unterstützt die Leitung der Kita dabei, die oben genannten Aufgaben auszuführen, und unterliegt deren Fachaufsicht.

Aufgabenteilung zwischen Träger und Leitung

Es ist Aufgabe des Trägers der Kindertageseinrichtung, dass die Leitungskraft durch ein auf die spezifischen Verhältnisse der Einrichtung abgestimmtes Tätigkeitsprofil in die Lage gesetzt wird, ihre Aufgaben zu erfüllen. Die Kindergartengesetze in den Bundesländern legen diese mehr oder weniger klar fest (s.o.), Erfahrungen aus der Praxis haben jedoch gezeigt, dass dem nicht alle Träger in der Vergangenheit hinreichend nachgekommen sind. Mancherorts erfolgt eine Übertragung von Trägeraufgaben an die Kindergartenleitung, die nicht den im Gesetz beschriebenen Aufgaben entspricht. Dadurch entsteht Überforderung und Überlastung der Leitungskräfte, die – sofern auf Dauer angelegt – zu einer Überlastungsdepression (Burn-out) führen kann.

Praxisbeispiel

Der Träger delegiert die Kontrolle des Zahlungseingangs von Elternbeiträgen an die Leiterin und überträgt ihr die Erinnerungs- und Mahnverfahren bei Zahlungsverzug. Es liegt keine Tätigkeit vor, die vom Gesetzgeber erfasst wurde (vgl. §14 Abs. 3 AVBayKiBiG oder §7 Abs. 7 KiTaG Baden-Württemberg). Es ist damit keine Leitungsaufgabe, die im Anstellungsschlüssel mit der dafür benötigten Zeit berücksichtigt wurde.

Wenn Sie sich als Leitung in einer solchen Situation befinden, ist es ratsam, zunächst das Gespräch mit dem Trägervertreter zu suchen, um miteinander eine gute Lösung zu finden. Führt dies zu keinem zufriedenstellenden Ergebnis, wenden Sie sich am besten an die Mitarbeitervertretung oder in letzter Konsequenz auch an die Fachaufsicht.

Starke Position durch Kompetenz

Durch den Anspruch der Vereinbarkeit von Familie und Beruf, die Betreuung von Kindern unter 3 Jahren und von Schulkindern,

Hierarchische Struktur

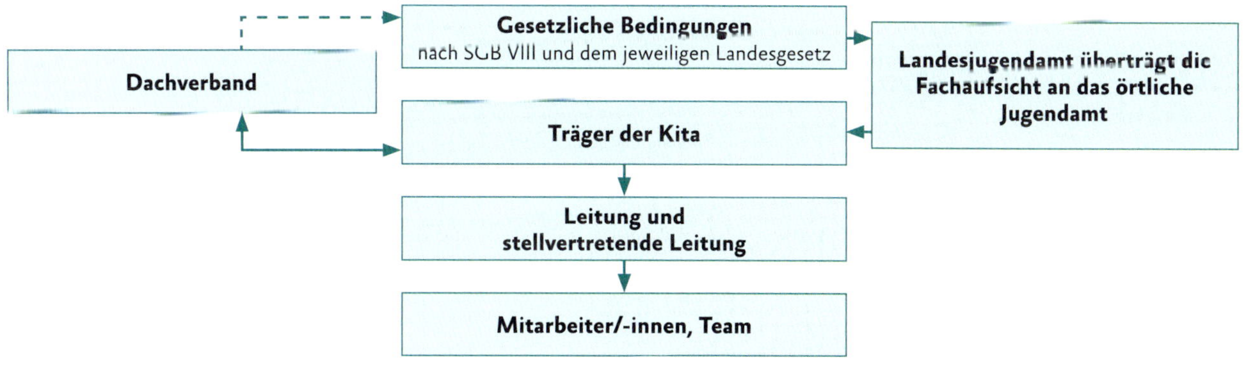

durch die Integration von Kindern mit Behinderung und mit Migrationshintergrund, durch die Zusammenarbeit mit der Schule und durch präventive Maßnahmen bei Kindeswohlgefährdung hat sich das Spektrum an Leitungsaufgaben in der Kita mittlerweile so stark erweitert, dass die Leitung entsprechend breit aufgestellt sein muss. Sie ist diejenige, die ihre Mitarbeiter/-innen motiviert, sich angesichts gewachsener Ansprüche weiterzuentwickeln und unterschiedliche Interessen entsprechend zu managen. Leitungskräfte selbst haben sich durch Fortbildungen oder Zusatzausbildungen weiterqualifiziert und sind mittlerweile in der Regel hoch qualifizierte Ansprechpartner/-innen. Ohne sie ist ein Träger heutzutage nicht mehr in der Lage, derart hochkomplexen Anforderungen an seine Bildungseinrichtungen Rechnung zu tragen. Entsprechend muss auch die Position von Kita-Leitungskräften neu bewertet werden. Sie sollten Personalentscheidungen treffen, von der pädagogischen Arbeit freigestellt werden und in gewichtigen Punkten wie Öffnungszeiten und Nutzung möglicher Kapazitäten eine maßgebliche Stimme haben. Ab einer bestimmten Größe sind die beschriebenen Aufgaben nicht mehr von einer Person allein zu leisten. Große Kindertageseinrichtungen haben die Verantwortlichkeiten bereits aufgeteilt. Stellvertretende Leitungen sind für einen festgelegten Bereich (z.B. Krippe oder Hort) mit bestimmten Kompetenzen bei entsprechenden Arbeitsbedingungen zuständig. Mit der Gesamtleitung bilden diese dann das Leitungsteam.

Richtig delegieren

Sind Verantwortung und Zuständigkeit für Aufgaben zwischen Träger und Leitung zufriedenstellend geklärt, so ist dies für die Leitung der erste Bereich von Entlastung. Des Weiteren wird es ihr durch richtiges Delegieren an die Mitarbeiter/-innen der Einrichtung gelingen, den genannten Kernaufgaben besser nachzukommen. Eine Führungskraft muss sich auf das Wesentliche konzentrieren. Aber: Wer sich auf das Wesentliche konzentrieren will, muss auch loslassen können. Daran scheitert es oft. Viele Kita-Leitungen wissen genau, welche Aufgaben sie eigentlich delegieren sollten, tun es aber nicht. Begründet wird dies üblicherweise mit Sätzen wie: „Das muss ich selber machen, das macht sowieso sonst keiner richtig!" oder: „Ich habe ja niemanden, dem ich das übergeben könnte." Diese Haltung ist verständlich, denn letztlich muss die Leitung die Verantwortung übernehmen, wenn etwas schiefgeht. Anhaltspunkte für die Delegation von Aufgaben sind daher:

- Wer ist am besten für diese Aufgabe geeignet?
- Wie viel Unterstützung ist nötig und
- wie viel Kontrolle ist nötig?
- Wie viel Entscheidungsspielraum kann zugelassen werden?

Eine gute Orientierung bieten die fünf Stufen der Delegation, die der Geschäftsführer-Coach Bernd Gerrop formuliert hat. Sein Prinzip lautet: Je mehr Vertrauen dem/der Mitarbeiter/-in

Stufen der Delegation

1. Stufe: Setze um

Halte dich genau an meine Vorgaben! Ich habe bereits alles für dich recherchiert, abgewägt und entschieden!

2. Stufe: Arbeite dich ein

Schau dir das Thema an, erarbeite Optionen und halte Rücksprache!

3. Stufe: Erarbeite einen Vorschlag

Schau dir das Thema an, entwickle Alternativen und arbeite einen Vorschlag aus.

4. Stufe: Entscheide mit Rückmeldung

Triff eine Entscheidung und sag mir später, was du getan hast!

5. Stufe: Entscheide ohne Rückmeldung

Triff die Entscheidung, die du für das Beste hältst!

(nach Bernd Geropp: www.mehr-fuehren.de/delegieren)

entgegengebracht werden kann, desto weiter kann der Entscheidungsspielraum für ihn/sie gesteckt werden. Die delegierende Person muss jedoch genau darauf achten, sich nur auf diejenige Stufe bei der Fachkraft einzulassen, die sie aufgrund von deren Erfahrung und derzeitigem Kenntnisstand für umsetzbar hält. Jede Fachkraft hat andere Qualitäten, daher ist es auch in Ordnung, Unterschiede zu machen. Einerseits stärkt das die Position der Leitung im hierarchischen Gesamtgefüge, andererseits ist es für den/die Mitarbeiter/-in eine Entlastung, wenn er/sie sich von der Aufgabe nicht überfordert fühlt.

Fazit

Hierarchie ist ein notwendiges Prinzip, damit die Arbeit in der Kita gut funktioniert. Im Gesamtgefüge von Träger und Team nimmt die Leitung eine zentrale Position ein. Sie sorgt für die Umsetzung der gesetzlichen Vorgaben und ist verantwortlich, dass die geforderten Qualitätsmerkmale eingehalten werden. Damit die Leitung diesem Auftrag nachkommen kann, müssen die Aufgaben klar beschrieben sein. Gleichzeitig braucht sie ein personell gut ausgestattetes und engagiertes Team, dem sie vertrauen kann, sodass Aufgaben mit einem guten Gefühl delegiert werden können.

Literatur

Fthenakis, W. E. et al. (2003): Träger zeigen Profil. Weinheim: Beltz.

Gеropp, B. (2014): www.mehr-fuehren.de/delegieren

Ruppert, F. (2001): Berufliche Beziehungswelten. Heidelberg: Carl Auer.

Wehrmann, I. (2016): Leiten – eine Schlüsselposition, die es in sich hat. In: kindergarten heute – das Leitungsheft 4/2016, S. 4–6.

4. Widerstände, Konflikte und Krisen im Team

Voraussetzungen für ein stabiles Team sind Vertrauen im Kollegium und Arbeitserfolg. Ein stabiles Team hat kein Problem damit, mit Kritik von außen oder innen konstruktiv umzugehen. Zeigen sich permanent Widerstände, kann dies ein Hinweis auf ungelöste Konflikte sein. Widerstände und Konflikte sind noch keine Krisen. Allerdings können sich dadurch Krisen ankündigen – besonders dann, wenn diese nicht konstruktiv ausgetragen und Lösungen nicht anvisiert werden.

Auslöser von Krisen

Eine Krise zeigt sich, wenn das grundsätzliche Vertrauen unter den Teammitgliedern nicht mehr gegeben ist, wenn sich Fronten bilden und die Wirksamkeit der Zusammenarbeit stark eingeschränkt ist. Bezeichnenderweise funktionieren dann auch die Kommunikation untereinander und – infolgedessen – die reibungslosen Abläufe im Alltag nicht mehr. Manchmal wird eine Krise durch Ereignisse oder Kritik von außen ausgelöst. Die Ursachen sind vielfältig. Stimmen zum Beispiel die Arbeitsbedingungen nicht mit den Anforderungen an die Arbeitnehmer/-innen überein, kann dies rasch zur permanenten Überforderung führen. Die Mitarbeiter/-innen fühlen sich schneller ausgebrannt und die Motivation leidet darunter. In meiner Funktion als Supervisor habe ich es erlebt, wie durch negative Rückmeldungen bei der jährlichen Elternbefragung eine Krise im Team ausgelöst wurde. Einige Mitarbeiterinnen fühlten sich in ihrem Engagement nicht gesehen und reagierten mit Enttäuschung und innerem Rückzug. Der Wert der eigenen Arbeit wurde stark infrage gestellt. Das wirkte sich auch auf das Engagement innerhalb des Teams aus und führte sogar zu Konflikten unter den Kolleginnen. In dieser Situation war es sehr hilfreich, unausgesprochenen Gefühlen Raum zu geben, das Vertrauen in die eigenen Fähigkeiten zu stärken und die eigene Selbstwirksamkeit zu erkennen. Danach waren die Teammitglieder wieder in der Lage, sich mit den Ursachen auseinanderzusetzen und gemeinsam konstruktive Veränderungen einzuleiten.

Interne Gründe für eine Krise hängen oft mit eingefahrenen Denkmustern, unterschiedlichen Arbeitsauffassungen oder unklaren Zielen zusammen. Auch Konflikte zwischen Leitungs- und Mitarbeiterebene können zu Krisen führen. Die eigentlichen Ursachen sind nicht immer auf den ersten Blick zu erkennen. Diese transparent zu machen, kann der erste Schritt einer professionellen Begleitung durch Supervision sein. Hilfe von außen ist in einer solchen Lage unabdingbar. Dabei gilt es zu verstehen, dass Krisen Ausnahmesituationen sind und als Chancen zur Weiterentwicklung gesehen werden können. Supervision begleitet das Team bei Klärungsprozessen und hilft bei der Erarbeitung eines Lösungsweges.

Konflikte erkennen

Um möglichen Krisen entgegenzuwirken, ist es notwendig, dass die Leitung Widerstände und Konflikte wahrnimmt und rechtzeitig anspricht. Entsprechend dem Prinzip aus der Themenzentrierten Interaktion nach Ruth Cohn „Störungen haben Vorrang“ sollten Konflikte und Widerstände möglichst unmittelbar bearbeitet werden. Störungen und leidenschaftliche Gefühle sind keine Bremser, sondern bedeuten, dass wir die Wirklichkeit des Menschen anerkennen. Gefühle sind Bestandteile und Träger von Gedanken und Entscheidungen. Wenn diese ausreichend berücksichtigt werden, ist es möglich, zu Entscheidungen und Handlungen zu kommen, die von allen überzeugend vertreten werden können (vgl. Cohn 1975, S. 122).

Praxisbeispiel

Ein Teil des Kita-Teams zeigte starke Widerstände gegenüber der neuen Leitung. Diese wollte die Mitarbeiterinnen davon überzeugen, mit weiteren Instrumenten zur Umsetzung von Partizipation zu starten. Fachlich war die Leitung durchaus auf dem richtigen Weg. Warum dann die massiven Widerstände? Diese wurden vor allem emotional ausgetragen und mit Arbeitsüberlastung begründet. Die Fronten verhärteten sich, ein gegenseitiges Verstehen war nicht mehr möglich. In der Supervision wurde durch eine systemische Aufstellungsarbeit deutlich, dass sich alteingesessene Fachkräfte von den Interventionen der neuen Leitung überrumpelt fühlten. Diese wiederum fühlte sich ihrer Überzeugung und dem Auftrag des Trägers verpflichtet. Der erste Schritt bestand darin, dass die Leitung die bisherigen Leistungen und Verdienste der Mitarbeiter/-innen für die Kita würdigte. Dies hatte sie zwar für sich gedacht, aber nicht ausgesprochen. Darüber hinaus war es nun auch an der Zeit, die Zuständigkeiten und Kompetenzen von Leitungs- und Mitarbeiterebene deutlich zu machen und die erforderliche Loyalität einzufordern.

Damit sich Widerstände und Konflikte nicht zu Krisen ausweiten, ist rechtzeitige Intervention nötig. Die Organisations- und Konfliktberaterin Martina Thum sieht Kita-Teams hier in einer besonderen Pflicht: „Wenn im pädagogischen Bereich die Arbeit unter Konflikten im Team leidet – und das tut sie, wenn Konflikte nicht geführt werden, sondern unter der Oberfläche schwelen –, dann leiden die Kinder. Dies geschieht sicherlich nicht in dem Maß, wie Kinder unter Konflikten ihrer Eltern leiden, aber insofern, dass ihnen nicht die volle Energie und Aufmerksamkeit der Erziehenden zur Verfügung steht. Kindertageseinrichtungen haben daher aus meiner Sicht eine besondere Verpflichtung, sich mit dem Thema Konflikte in ihren Organisationen auseinanderzusetzen“ (Thum in: Das Kita-Handbuch).

Konflikte sind Bestandteil des Lebens

Pädagogische Fachkräfte haben täglich mit Konflikten zu tun. In den Bildungsplänen wird der Umgang mit Konflikten als bedeutsamer Aspekt der sozialen Kompetenz bei Kindern aufgeführt. „In der Tageseinrichtung lernen Kinder, wie sie die Verschärfung von Konflikten verhindern und wie sie sich von durch andere hervorgerufenen Gefühle distanzieren und Kompromisse finden können“ (Staatsinstitut für Frühpädagogik 2006, S. 62). Ein hoher Anspruch an Kinder, den das pädagogische Personal zunächst einmal an sich selbst stellen muss. Zudem sind Fachkräfte in Kitas in ihrer Kompetenz, Gespräche zu führen, gut geschult. Ihr Beruf bringt es mit sich, dass sie tagtäglich soziale Situationen und emotionale Befindlichkeiten einschätzen und empathisch damit umgehen. Somit könnte man meinen, dass man sich keine Gedanken machen müsste, was das Konfliktmanagement in pädagogischen Organisationen betrifft. Trotz der guten Vorbedingungen ist dem aber nicht immer so; umso bedeutender ist der professionelle Umgang der Leitung mit Konflikten.

Die systemische Sichtweise

Ein Team ist ein soziales System. Dieses ist geprägt von Individuen, die unterschiedliche Erfahrungen, Kenntnisse und Werthaltungen in dieses System einbringen. Wo Menschen zusammenkommen, sind Unterschiede normal und zur Weiterentwicklung auch notwendig. Einige dieser Unterschiede werden als hinderlich erlebt und als Konflikt bezeichnet. Der Aufwand, sich diesen Konflikten zu stellen, ist sicher nicht gering, aber mit Sicherheit geringer als die seelische Energie, die notwendig ist, um den Konflikt zu verdrängen und die Folgen dieser Verdrängung auf

Dauer zu ertragen. Statt Vorwürfe zu machen und Schuld zuzuweisen, ist es in jedem Fall zielführender, auf die Ursachen und den Sinn von Konflikten zu achten.

Soziale Systeme tendieren dazu, einen Zustand des Gleichgewichts herzustellen; im systemischen Kontext spricht man auch von „Homöostase". Manchmal wird dieses Gleichgewicht massiv gestört, beispielsweise durch eine Mitarbeiterin, von deren Widerstand bei gemeinsamen Entscheidungen sich die übrigen Teammitglieder provoziert fühlen. Bei näherer Betrachtung stellt sich heraus, dass die scheinbare Harmonie im Team nicht echt ist. Einige Kolleginnen haben ihre Authentizität aus verschiedenen Gründen aufgegeben. Entscheidungen werden nicht diskutiert, sondern abgenickt. Systemisch betrachtet stellt die provozierende Kollegin eine Störung dar, die auf das schwache und instabile Teamgefüge hinweist. Letztendlich nutzt das Team einen Klausurtag unter der fachlichen Begleitung eines Coaches dazu, die Rollen und Motivationen der einzelnen Mitarbeiterinnen bewusst zu machen und das Vertrauen in die eigene Kompetenz zu stärken. Die Rolle des „Symptomträgers" wird ebenso deutlich wie auch die der sogenannten Mitläufer. Im Team wird nun mehr diskutiert und Entscheidungsprozesse dauern länger, werden aber schließlich auch von allen getragen und umgesetzt.

Konfliktphasen

Der Organisationsberater und Konfliktforscher Friedrich Glasl hat ein Modell zur Konflikteskalation bzw. -lösung entwickelt (2017, S. 126), das im Folgenden auf die Situation in der Kita übertragen wurde.

1. Verhärtung: Die Standpunkte innerhalb des Teams verhärten sich und prallen aufeinander. Trotzdem besteht noch die Überzeugung, dass die daraus resultierenden Spannungen durch Gespräche lösbar sind. Es haben sich noch keine starren Parteien oder Lager gebildet.

- In dieser Phase können Sie als Leitung dem Konflikt gelassen gegenübertreten. Meinungsverschiedenheiten sind alltäglich und können durch Gespräche gelöst werden. Visualisieren Sie ggf. die verschiedenen Positionen und Möglichkeiten auf einem Flipchart.

Praxisbeispiel

Im Praxisbeispiel von S. 15 vertraten manche Eltern die Meinung, dass zu wenige Programme wie zum Beispiel Zahlenland oder Englisch-Kurse in der Kita angeboten werden. Bei der Diskussion in der Teamsitzung kristallisierten sich zwei unterschiedliche Positionen heraus. Eine Gruppe vertrat den Standpunkt, auf die Wünsche der Eltern als Kunden einzugehen und weitere Bildungsangebote mit aufzunehmen. Die andere Gruppe meinte, es würde bereits genug angeboten und die Forderung mancher Eltern sei unberechtigt. In der zunehmend emotional aufgeheizten Atmosphäre wurden einigen Kolleginnen vermeintliche Versäumnisse und mangelndes Engagement angelastet. Die Moderation des Konfliktes bestand zunächst darin, klarzustellen, dass unterschiedliche Meinungen völlig normal sind und man sich ihnen stellen sollte. Darüber hinaus galt es, auf eine konstruktive Kommunikation zu achten, indem Befürchtungen und Bedürfnissen Raum gegeben wurde und diese als Ich-Botschaften geäußert wurden. Nachdem sich die Lage beruhigt hatte, ging es darum festzuhalten, in welchen Aspekten Übereinstimmung besteht und wie schließlich ein erster Lösungsansatz aussehen kann. Übereinkunft bestand darin, dass die bestehenden Angebote wirkungsvoller präsentiert werden sollten. Darüber hinaus kam man zu dem Schluss, das Thema zunächst mit dem Elternbeirat zu besprechen.

2. Debatte: Es findet eine Polarisierung im Denken, Fühlen und Wollen statt. Zudem besteht die Neigung zu Schwarz-Weiß-Denken und eine Sichtweise von Überlegenheit und Unterlegenheit.

- Geben Sie Raum für die unterschiedlichen Standpunkte und achten Sie darauf, dass Gesprächsregeln und -rahmen eingehalten werden. Differenzieren Sie ggf. Aussagen (siehe dazu auch Kapitel „Wertschätzende Kommunikation").

3. Aktionen: Die Überzeugung, dass „Reden nichts mehr hilft", gewinnt an Bedeutung, und man verfolgt eine Strategie der vollendeten Tatsachen. Die Empathie für die Kolleg(inn)en geht verloren und die Gefahr von Fehlinterpretationen steigt.

- Umsichtiges Handeln ist nun besonders wichtig. Noch ist eine weitere Eskalation vermeidbar. Fordern Sie die Teammitglieder auf, ihre Gefühle und Beweggründe zu benennen. Übersetzen Sie, wenn nötig, bestimmte emotionale Reaktionen. Sorgen Sie dafür, dass jedes Mitglied zu Wort kommt und sachliches Feedback erhält.

4. Images und Koalitionen: Die „Gerüchteküche" kocht, Stereotypen und Klischees werden aufgebaut, Parteien haben sich gebildet. Sie trachten danach, sich gegenseitig in negative Rollen zu manövrieren, und bekämpfen sich. Es findet eine Werbung um Anhänger statt.

Konflikte und Widerstände im Team müssen früh wahrgenommen und bearbeitet werden

- Gerüchte und klischeehafte Zuschreibungen müssen unterbunden werden. Fordern Sie die Teammitglieder dazu auf, ihre Sichtweise nur in einem bestimmten Rahmen (z.B. in der Teamsitzung) offen zu äußern und den Konfliktstoff nicht in die pädagogische Arbeit zu tragen. Berufen Sie ggf. zeitnah eine außerordentliche Teamsitzung ein und appellieren Sie an die Teammitglieder, konstruktive Lösungsvorschläge einzubringen.

5. Gesichtsverlust: Es kommt zu öffentlichen und direkten (verbotenen) Angriffen, die auf den Gesichtsverlust des Gegners abzielen.

- Schützen Sie ggf. besonders betroffene Personen, indem Sie klare Kommunikationsregeln einfordern. In dieser Phase eines Konflikts ist Hilfe von außen unabdingbar. Wenden Sie sich an eine Supervisorin oder einen Supervisor.

6. Drohstrategien: Drohungen und Gegendrohungen nehmen zu. Dadurch versuchen die Konfliktparteien jeweils Oberwasser zu gewinnen. Eine Forderung wird unter Umständen durch Bestrafung verschärft. Beispiel: Teammitglieder sprechen nicht mehr miteinander oder es kommt sogar zu Mobbing.

- Dies ist eine Situation, die nicht mehr zu dulden ist. Beziehen Sie den Träger ein und holen Sie sich Rückendeckung bei der weiteren Vorgehensweise. Auch hier ist Hilfe von außen dringend nötig.

7. Begrenzte Vernichtungsschläge: Der Gegner wird nicht mehr als Mensch, sondern als jemand ohne Gefühle wahrgenommen. Werte und Tugenden sind bedeutungslos. Die Parteien können keine Empathie füreinander empfinden. Es geht vorwiegend darum, der Gegenseite Schaden zuzufügen, auch wenn man selbst Nachteile dafür in Kauf nehmen muss.

- In dieser Phase der Konflikteskalation kann vielleicht noch eine professionelle Mediation helfen. Ist auch diese nicht erfolgreich, sollte der Träger ein Schiedsgerichtsverfahren in Gang setzen, das zu einem klaren Ergebnis mit eindeutigen Anweisungen kommt.

8. Zersplitterung: Die Zerstörung und Auflösung des „feindlichen Systems" wird als Ziel intensiv verfolgt.

- Der Konflikt nimmt pathologische Züge an. Veränderung ist nur noch durch einen Machteingriff von oben möglich. Dienstanweisungen und arbeitsrechtliche Maßnahmen sind nicht ausgeschlossen.

9. Gemeinsam in den Abgrund: Es kommt zur totalen Konfrontation, ohne einen Weg zurück. Die Vernichtung des Gegners zum Preis der Selbstvernichtung wird in Kauf genommen.

- Am besten wäre es, das Team aufzulösen und Bedingungen für einen gut vorbereiteten Neuanfang zu schaffen.

Ist den Parteien bewusst, auf welcher Stufe sie stehen, haben sie die Möglichkeit, ihren Konflikt zu analysieren und bereits während des Konfliktverlaufs besser zu reagieren.

Konfliktmanagement

Konflikte zu managen bedeutet, die Kommunikation über die Konfliktsituation so anzuregen, dass die Betroffenen sich gehört und verstanden fühlen, ihre Positionen aufweichen, ihre Bedürfnisse erkennen, sich mitteilen und verhandeln können. Kurz gesagt: Die Beteiligten sollen mit mehr Unterschieden leben können als vorher. Ein durchdachtes Konzept zum Konfliktmanagement hilft Ihnen, von Konflikten nicht plötzlich überrollt zu werden:

- Klares Feedback ist ein entscheidendes Kriterium guter Führung. Regelmäßige Zielvereinbarungsgespräche stellen eine wirksame Möglichkeit dar, Ziele und Lösungswege sowie den Umgang miteinander abzustimmen.

- Schätzen Sie Polaritäten als Merkmale von Vielfalt und Freiheit.
- Regen Sie zum Dialog über unterschiedliche Standpunkte an und benennen Sie mögliche Übereinstimmungen.
- Seien Sie allparteilich und verschaffen Sie allen Seiten gleichermaßen Gehör.
- Unterbrechen Sie bei gegenseitiger Abwertung und sorgen Sie dafür, dass Mitteilungen an Kolleg(inn)en beschreibender Natur sind und Ich-Botschaften enthalten.
- Vorwürfe, als Anklagen formuliert, sind nicht zielführend. Fordern Sie die Kommunikationspartner stattdessen auf, ihre Wünsche und Bedürfnisse zu formulieren.
- Unterstützen Sie Konfliktpartner dabei, aus der Position des Verteidigens zu der des Verhandelns zu kommen.
- Würdigen Sie die guten Absichten hinter den verschiedenen Standpunkten und äußern Sie diese.
- Eine achtsame und wertschätzende Beschreibung trägt viel zur Lösung einer Konfliktsituation bei, abwertende Äußerungen halten den Konflikt aufrecht.
- Vermeiden Sie, dass das eine gegen das andere ausgespielt wird. Statt „entweder – oder“ können Sie sich auf die Formulierung „sowohl als auch“ stützen.
- Bleiben Sie in der Führungsrolle. Wenn sachliche und fachliche Entscheidungen anstehen, treffen Sie diese auch. Machen Sie dabei deutlich, dass diese nichts mit den Konfliktparteien zu tun haben, sondern eine begründete Maßnahme darstellen.
- Holen Sie sich gegebenenfalls Rückendeckung durch den Träger.

Fazit

Widerstände und Konflikte beinhalten eine Chance zur Weiterentwicklung des Teams. Werden sie nicht rechtzeitig offengelegt und bearbeitet, können sie sich jedoch zu Krisen entwickeln. Ein geeignetes Konfliktmanagement hilft Ihnen, Ihr Team in solchen Phasen angemessen zu begleiten. Gehen die Gründe für Krisen vom Träger oder anderen äußeren Bedingungen aus, sind diese von Leitung und Team, wenn überhaupt, nur unter hohem Energieaufwand zu beeinflussen. Krisen, die auf mangelndem Vertrauen der Teammitglieder untereinander und ungeklärten Konflikten im Team beruhen, sind jedoch gut bearbeitbar. Es lohnt sich, dafür Hilfe von außen in Form von Coaching oder Supervision zu holen.

Literatur

Cohn, R. C. (1975): Von der Psychoanalyse zur themenzentrierten Interaktion. Von der Behandlung einzelner zu einer Pädagogik für alle. Stuttgart: Klett-Cotta.

Glasl, F. (2017): Konfliktmanagement. Ein Handbuch für Führungskräfte und Berater. 11. Aufl., Bern: Haupt.

Staatsinstitut für Frühpädagogik München (2006): Der Bayerische Bildungs- und Erziehungsplan für Kinder in Tageseinrichtungen bis zur Einschulung. Weinheim, Basel: Beltz.

Thum, M.: Zum Umgang mit Konflikten in Kindertageseinrichtungen. In: Textor, M. (Hrsg.): Das Kita-Handbuch. http://www.kindergartenpaedagogik.de/2251.html

5. Wertschätzende Kommunikation

Zufriedenheit im Team motiviert, beugt Stress und Burn-out vor und ermöglicht die Identifikation der Mitarbeiter/-innen mit der Einrichtung. Die Pflege von Kommunikation trägt entscheidend zur Zufriedenheit bei. Und nicht nur das: Sie ist das tragende Element einer guten und effizienten Zusammenarbeit sowie Voraussetzung für Freude und Erfolg im Arbeitsleben. Das Konzept der „Wertschätzenden Kommunikation“ ermöglicht es, auf eine Art und Weise miteinander umzugehen, die von Respekt, Klarheit und Offenheit geprägt ist.

Kommunikation als Bildungsauftrag

Kommunikationsformen, die die Wertschätzung anderer Menschen anstreben, sind zugleich Bildungsauftrag. So fragt zum Beispiel der Orientierungsplan Baden-Württemberg unter anderem danach, wie Jungen und Mädchen von den pädagogischen Fachkräften dazu angeregt werden,

- Konflikte mithilfe von Sprache zu lösen und sich sprachlich angemessen zu verhalten,
- ihren emotionalen Wortschatz zu entwickeln und im Spiel und bei Konfliktlösungen einzusetzen,
- Gefühle und Mitgefühl zu zeigen, auszudrücken und in Worte zu fassen,
- die Gefühle anderer zu erkennen

(vgl. Baden-Württemberg, Ministerium für Kultus, Jugend und Sport 2011, Seite 34 ff.).

Im Bayerischen Bildungs- und Erziehungsplan werden Kommunikation, Konfliktmanagement sowie Empathie und Perspektivübernahme als wesentliche Aspekte der Basisfähigkeit „Soziale Kompetenzen" angesehen (vgl. Staatsinstitut für Frühpädagogik München 2006, S. 61f.). Sprache und Kommunikation als Querschnittsthema, das sich durch alle Bildungs- und Erziehungsbereiche zieht, wird in der Fortschreibung des Bildungsprogramms für Kindertageseinrichtungen in Sachsen-Anhalt ausführlich dargestellt: „Sprache ermöglicht gleichzeitig, dass andere ihre Erfahrungen und Befindlichkeiten aussprechen und dass durch das Miteinanderreden, sich verstehen und verständigen Dialog entsteht" (Ministerium für Arbeit, Soziales und Integration Sachsen-Anhalt 2013, S. 107).

Deutlich wird: Die Gestaltung von Kommunikation in der Kita ist ein Auftrag mit mehrdimensionaler Bedeutung. Es versteht sich von selbst, dass die pädagogischen Fachkräfte ihre eigenen kommunikativen Fähigkeiten entwickeln und vorleben müssen. Das Konzept der Wertschätzenden Kommunikation bietet dafür eine hervorragende Leitlinie.

Was ist Wertschätzende Kommunikation?

Seinen Ursprung hat der Begriff in der „Gewaltfreien Kommunikation" (GFK), entwickelt von dem amerikanischen Psychologen und Kommunikationstrainer Dr. Marshall Rosenberg (1934–2015). Als international anerkannter Konfliktmediator lehrte er seine Techniken in mehr als 40 Ländern und wandte diese in verschiedenen Krisengebieten erfolgreich an. Die Methode der Gewaltfreien Kommunikation bietet aber auch Unternehmen aller Art, also auch Bildungseinrichtungen wie Kitas, die Chance, durch bewusste Kommunikation die Qualität der gesamten Arbeit positiv zu beeinflussen.

Einige Kommunikationstrainer/-innen haben sich an die Methode angelehnt und daraus den Begriff der „Wertschätzenden Kommunikation" entwickelt. So beschreibt die Mediatorin und Trainerin Beate Brüggemeier Wertschätzende Kommunikation als „eine Sprache, die verbindet, die Beziehungen so gestaltet, dass jeder davon profitiert. Ob in einem Unternehmen, einem Krankenhaus, einer Bildungseinrichtung, einer Verwaltung oder in der Partnerschaft und in der Familie. Es geht um ein respektvolles Miteinander auf Augenhöhe, Zufriedenheit und Sinnerfüllung" (2010, S. 19). Im unbewussten Gebrauch der Worte geraten Menschen häufig zu einer Ausdrucksweise, die trennt, statt zu verbinden. Obwohl sie eigentlich Verständigung wollen, führt dies zu Missverständnissen und Fehlinterpretationen. Dagegen ließen sich zahlreiche Konflikte ganz einfach durch eine klare und einfühlsame Kommunikation verhindern.

Eine trennende Sprache zu sprechen, bedeutet, das Verhalten und So-Sein anderer Menschen zu kritisieren und sie in ihrer ganzen Person abzuwerten. Beispiel: „Jetzt sind Sie schon wieder zu spät gekommen! Sie sind verantwortungslos und halten den ganzen Betrieb hier auf. Sie sind aber auch zu nichts zu gebrauchen!" Wie unschwer zu erkennen ist, werden hier trennende Worte benutzt. Dadurch werden beim Gegenüber eher Widerstand und offene oder verdeckte Abwehrreaktionen hervorgerufen als die Bereitschaft, das eigene Fehlverhalten anzunehmen und zur konstruktiven Zusammenarbeit beizutragen.

Um zu einem konstruktiven Gespräch zu kommen, müsste die Leitungskraft der Mitarbeiterin zunächst ihre Beobachtung schildern und dann das eigene Gefühl dazu ausdrücken: „Ich merke, dass Sie in letzter Zeit häufig zu spät zur Arbeit kommen. Ich mache mir große Sorgen, dass die Kinder am Morgen nicht ausreichend betreut werden, vielleicht teilen Sie diese auch." Auf der Grundlage des gemeinsamen Interesses lässt sich eine Verhandlungsbasis herstellen, um dann zu einer wirksamen Lösung zu kommen.

Der Einsatz der Wertschätzenden Kommunikation in der Einrichtung ist nicht teilbar, sie umfasst alle Bereiche: die pädagogische Arbeit mit den Kindern, den Umgang mit dem Team und den Kommunikationsstil mit Eltern, Träger und verschiedenen Institutionen bzw. Netzwerkpartnern. Damit wird auch deutlich, dass die Umsetzung die fachliche Qualität der gesamten Arbeit steigert.

Kommunikationsziele

Wertschätzende Kommunikation ist eine Gesprächsform und eine Lebenshaltung, mit der Menschen lernen, ihren sprachlichen Ausdruck und die Art ihres Zuhörens zu verändern. Sie erweitert die Möglichkeiten, selbst unter herausfordernden Umständen wertschätzend im Kontakt zu bleiben. Sie regt dazu an, die eigenen Gefühle und Bedürfnisse ehrlich auszudrücken und gleichzeitig den Gefühlen und Bedürfnissen anderer Menschen respektvoll zu begegnen. Marshall Rosenberg fasst die Ziele wie folgt zusammen:

- Mehr Klarheit im eigenen Kommunikations- und Konfliktverhalten entwickeln und die Qualität von Beziehungen verbessern,
- Anliegen und Werte von anderen erkennen und ohne Manipulationen aussprechen,
- die eigene Handlungs- und Entscheidungsfähigkeit erweitern,
- Präsenz und Achtsamkeit in herausfordernden Gesprächssituationen,
- mit sich selbst und anderen in Balance sein, die Leistungsfähigkeit stärken und zu einer hohen Lebensqualität beitragen.

Den Veränderungsprozess einleiten

Um sich die Fähigkeit der Wertschätzenden Kommunikation anzueignen, ist ein Lernprozess nötig. Ein Teamcoaching kann ein sehr guter Anstoß dazu sein. Hierbei wird das Team von Trainern mit internationaler Zertifizierung für Gewaltfreie Kommunikation (CNVC) unterstützt. Diese helfen bei der Umgestaltung des sprachlichen Ausdrucks und der Art, einander zuzuhören. So werden aus gewohnheitsmäßigen, automatischen Reaktionen bewusste Antworten. Die Teammitglieder werden angeregt, sich klar und ehrlich auszudrücken und anderen Menschen achtsam, respektvoll und aufmerksam zu begegnen und zuzuhören. Sie entwickeln eine entsprechende innere Haltung, verinnerlichen die vier Schritte der Wertschätzenden Kommunikation (siehe S. 22/23) und üben ihren Gesprächsstil. Man kann sich natürlich zunächst auch selbst vertieft mit der Methode auseinandersetzen (siehe Literatur).

Die innere Haltung

Voraussetzung aller Veränderung ist die innere Haltung. Wertschätzende Kommunikation erfordert die Bereitschaft, den Gesprächspartner als Mensch zu sehen, der in guter Absicht handelt und mehr oder weniger verborgene Ressourcen bereithält. Für Menschen, die das Glück haben, mit emotionaler Intelligenz ausgestattet zu sein, ist der Zugang leichter als für Menschen, die sich schwertun, empathisch auf andere zuzugehen. Hinzu kommt die Fähigkeit, sich selbst zu reflektieren, und die Bereitschaft, aktiv an der eigenen Kommunikation zu arbeiten. „Wenn Sie bereit sind, auf versteckte und unbewusste Ausdrucksweisen in Ihrer eigenen Sprache zu achten, entdecken Sie schnell, dass Worte verbinden oder trennen können. Der Schlüssel liegt in dem bewussten Umgang mit Sprache. Denn Worte sind selten eindeutig. Sie kommen häufig in Begleitung von Bewertungen. Das ist bei Sachfragen oft unproblematisch. Geht es jedoch um menschliche Beziehungen, führen diese schnell zu Konflikten" (Brüggemeier 2010, S. 19).

Die Methode beschränkt sich nicht auf Situationen, in denen das Gesprächsklima ausgewogen ist. Vor allem in Situationen, die verfahren erscheinen, gelingt es mit der Wertschätzenden Kommunikation, aus Mauern Brücken zu bauen. Dies setzt eine Haltung voraus, die statt von Angst vor dem Konfliktpartner von Vertrauen in die eigene Selbstwirksamkeit geprägt ist. Regelmäßig geschieht es, dass die pädagogischen Fachkräfte in Kitas auf eingefahrene Denk- und Ver-

Grundannahmen der Wertschätzenden Kommunikation

Das Prinzip der Wertschätzenden Kommunikation orientiert sich an sechs Grundannahmen über das menschliche Verhalten:

- Jeder Mensch strebt nach Erfüllung seiner Bedürfnisse; dadurch wird sein Verhalten bestimmt.
- Die eigenen Bedürfnisse sind genauso wichtig wie die der anderen.
- Menschen tragen gerne zum Wohle anderer bei, wenn sie es freiwillig tun.
- Jede Form von Vorwurf, Angriff und Urteil ist Ausdruck unerfüllter Bedürfnisse.
- Jeder Mensch hat die Wahl, sein eigenes und das Leben anderer zu erschweren oder zu bereichern.
- Menschen handeln nicht gegen andere, sondern für ihre Bedürfnisse.
- Wir kooperieren mit anderen – nicht aus Verpflichtung, nicht aus Angst vor Konsequenzen oder Hoffnung auf Belohnung, sondern aus der eigenen Motivation und Freude heraus, das Leben zu bereichern, Ziele zu erreichen und zum Wachstum beizutragen.

haltensmuster, Vorurteile und Widerstände bei Kindern, Eltern, Behördenvertretern oder gar Kolleg(inn)en stoßen. Mithilfe der Wertschätzenden Kommunikation lassen sich auch schwierige Gesprächssituationen besser meistern und Widerstände aufweichen.

Vier Schritte

Die Grundvoraussetzung für Wertschätzende Kommunikation ist es, sich auf eine wertschätzende Verbindung einzulassen. Das eigene Anliegen wird klar und verständlich ausgedrückt, gleichzeitig wird versucht, das Anliegen des Gesprächspartners zu verstehen, auch wenn dieser anderer Meinung ist. Verstehen bedeutet ja nicht, dass man zustimmen oder mit allem einverstanden sein muss! Es ist jedoch einfacher, mit Differenzen umzugehen, wenn alle Aspekte gesehen werden, die die Situation ausmachen. Das Modell der Wertschätzenden Kommunikation besteht aus den nachfolgenden vier Schritten.

1. Schritt: Eine Beobachtung ohne Bewertung formulieren

Wenn wir Alltagssituationen wahrnehmen, stellen wir vielleicht fest, dass wir diese ständig bewerten, Verhaltensweisen interpretieren oder Menschen sogar verurteilen. Genau das führt zu Missverständnissen. Die große Herausforderung besteht also darin, Situationen zu beobachten und diese Beobachtungen von den eigenen Bewertungen zu trennen.

2. Schritt: Ein Gefühl benennen und dafür die Verantwortung übernehmen

Verhaltensweisen von anderen Menschen lösen immer mehr oder weniger starke, bewusste oder unbewusste Gefühle in uns aus. Indem man selbst die Verantwortung dafür übernimmt, gibt man dem anderen nicht die Schuld für die eigenen Gefühle. Der Grund, warum bestimmte Gefühle „getriggert“ (= angestoßen) werden, liegt in erster Linie in uns

Die vier Schritte Wertschätzender Kommunikation (Ich- und Du-Ebene)

Ich-Ebene Aufrichtigkeit	Du-Ebene Empathie
Ich-Beobachtung **Wenn ich sehe/höre/daran denke ...** „Ich sehe, dass wir in den letzten Monaten nicht mehr zu Fallbesprechungen kommen.“	**Du-Beobachtung** **Wenn du siehst/hörst/daran denkst ...** „Ich sehe, dass du gegenüber dem Kind ungehalten reagierst.“
Ich-Gefühl **... fühle ich mich ... / bin ich ...** „Damit fühle ich mich sehr unzufrieden und es ärgert mich.“	**Du-Gefühl** **... fühlst du dich ... / bist du ...** „Ich habe den Eindruck, die Aggressionen des Jungen überfordern dich zeitweilig und bringen dich an deine Grenze.“
Ich-Bedürfnis **... weil ich ... brauche.** „Ich brauche es, dass unser Umgang mit dem Kind gemeinsam abgestimmt und getragen wird!“	**Du-Bedürfnis** **... weil du ... brauchst.** „Ich glaube, du brauchst unsere Unterstützung dabei, und das können wir nur, wenn wir uns dazu austauschen!“
Ich-Bitte **Würdest du bitte ... / Ich bitte dich ...** „Ich bitte dich, bevor du weiter auf das Kind reagierst, dich auf eine Fallbesprechung einzulassen.“	**Du-Bitte** **Hättest du gerne ...? / Wäre es dir am liebsten, wenn ...?** „Ist es eine Hilfe für dich, wenn wir uns heute in der Teamsitzung eine halbe Stunde Zeit für eine gut strukturierte Fallbesprechung nehmen?“

selbst. Werden wir uns dessen bewusst, nehmen wir nicht jede Verhaltensweise persönlich und können gelassener damit umgehen.

3. Schritt: Ein Bedürfnis benennen

Das Herzstück der Wertschätzenden Kommunikation ist es, die Bedürfnisse herauszufinden. Wurden die Bedürfnisse, die hinter einer Aussage stecken, erkannt und definiert, lässt sich jeder Konflikt klären. Auf dieser Grundlage ist es nun möglich, neue Handlungsmöglichkeiten und alternative Lösungen zu entwickeln.

4. Schritt: Eine konkrete, handlungsorientierte Bitte formulieren

Der Erfolg liegt in der klaren und konkreten Bitte. Diese ist Verhandlungsgrundlage und stellt eine Ausgangssituation für das Machbare dar. Am Ende steht eine Lösung, die für beide Seiten akzeptabel ist.

Die vier Schritte der Wertschätzenden Kommunikation lassen sich auf die „Ich-Ebene" und die „Du-Ebene" übertragen. Auf der Ich-Ebene werden die eigenen Ängste und Befürchtungen bewusster; im Dialog mit dem „Du" lässt sich die Situation des Gesprächspartners besser verstehen und vermitteln (vgl. Brüggemann 2010, S. 23f.). Anhand eines Beispiels aus dem Kita-Alltag werden die vier Schritte im Schaubild links noch einmal verdeutlicht.

Fazit

Wertschätzende Kommunikation beruht auf dem Konzept der Gewaltfreien Kommunikation nach Rosenberg. Damit hat das Team eine Methode an der Hand, mit der es in die Lage kommt, konflikthafte und stressbeladene Situationen des Arbeitsalltags besser zu meistern. Gleichzeitig wird durch deren Einsatz die fachliche Qualität der gesamten Arbeit in der Kita angehoben.

Literatur

Staatsinstitut für Frühpädagogik München (2006): Der Bayerische Bildungs- und Erziehungsplan für Kinder in Tageseinrichtungen bis zur Einschulung. Weinheim, Basel: Beltz.

Baden-Württemberg, Ministerium für Kultus, Jugend und Sport (2011): Orientierungsplan für Bildung und Erziehung in baden-württembergischen Kindergärten und weiteren Kindertageseinrichtungen.

Brüggemeier, B. (2010): Wertschätzende Kommunikation im Business. Paderborn: Junfermann.

Ministerium für Arbeit, Soziales und Integration Sachsen-Anhalt (2013): Bildung: elementar – Bildung von Anfang an. www.ms.sachsenanhalt.de/themen/familie/dialog-kita/bildungsprogramm/

Müller, M./Porschmann, N. (2009): Verbale Aspekte Wertschätzender Kommunikation im Kindergarten. Ein Handbuch auf der Basis der Gewaltfreien Kommunikation nach Marshall Rosenberg. Uckermark: Schibri.

Rosenberg, M. B. (2001): Gewaltfeie Kommunikation. Paderborn: Junfermann.

6. Neue Mitarbeiter/-innen ins Team einführen

Praxisbeispiel

Das Team atmet auf: Eine neue Mitarbeiterin wurde eingestellt und beginnt nun ihre Tätigkeit. Endlich scheint die Durststrecke überwunden, in der das Team unter hohem Einsatz den Personalmangel kompensieren musste. Daniela K., die neue pädagogische Fachkraft, hofft auf einen guten Start an ihrer neuen Stelle im Kindergarten. Bei einer befreundeten Kollegin, die vor Kurzem ebenfalls eine neue Stelle angetreten hat, begann der Einstieg mit unerwarteten Schwierigkeiten: Die Leiterin hatte Urlaub und im Team wusste niemand genau Bescheid, wann die neue Kollegin kam und was zu regeln war. Anders bei Daniela K.: An ihrem ersten Arbeitstag wird sie von der Leitung begrüßt. Nach einem Rundgang durch das Haus, bei dem sie auch den Kolleginnen noch einmal vorgestellt wird, findet ein erstes Gespräch im Büro der Leitung statt. Dienstausweis, Schlüssel und die Stellenbeschreibung liegen bereit. Da es sich um eine große Kita handelt, wird ihr eine Ansprechpartnerin zur Seite gestellt, die sie in den ersten Monaten begleiten wird.

Wie geht es der neuen Fachkraft?

Der erste Eindruck ist entscheidend! In diesem Moment ist der/die neue Kollege/Kollegin vielleicht voller Erwartungen und steht unter einer gewissen Anspannung. Es ist normal, dass jetzt erst einmal alles emotional bewertet wird. Eine Willkommenskultur und strukturierte Einarbeitung vermittelt ein gutes Gefühl und sorgt für die nötige Sicherheit.

Ein neuer Arbeitsplatz stellt immer eine gewaltige Veränderung im Leben dar. Auch wenn die neue Fachkraft voller Freude und Motivation in die Kita kommt, sind doch Ängste und Befürchtungen da. Besonders aufregend ist diese Situation für Berufseinsteiger/-innen, die jetzt zum ersten Mal in die volle Verantwortung wachsen und ihr Wissen, ihre Kenntnisse und Erfahrungen der fachtheoretischen Ausbildung und diverser Praktika nun zunehmend eigenverantwortlich umsetzen. Aber auch für erfahrene Kolleg(inn)en ist die erste Zeit an der neuen Stelle mit einer Portion Unsicherheit verbunden. Zunächst muss die neue Fachkraft feste Vorstellungen loslassen und bereit sein, sich auf die neue Situation einzulassen und ihre Position im Team zu finden. Aber nicht nur der/die Neue stellt sich auf das bestehende System ein, auch das Team wird sich verändern. Für beide Seiten ist es daher zielführend, sich dieser Tatsache bewusst zu sein und offen aufeinander zuzugehen.

Den Einstieg gestalten

Wird die Fachkraft von der Leitung persönlich begrüßt und sind die Vorgänge der Einarbeitung neuer Mitarbeiter/-innen bereits im Qualitätshandbuch beschrieben, präsentiert sich die Kita als professionelle Einrichtung. Die neue Fachkraft fühlt sich willkommen und gut begleitet. Ihr Selbstwertgefühl wird gestärkt, sie ist motiviert, ihre individuellen Ressourcen einzubringen, und kann schneller Verantwortung übernehmen.

Orientierung bietet der „Nationale Kriterienkatalog für pädagogische Qualität in Kindertageseinrichtungen" (vgl. Tietze/Viernickel 2016). Darin werden unter anderem die wichtigsten Aspekte bei der Einarbeitung neuer Mitarbeiter/-innen benannt. Im Einführungsgespräch sollten demnach folgende Bereiche unbedingt angesprochen werden:

- Organisatorischer Rahmen: pädagogische Struktur (offenes System oder Arbeit in festen Gruppen), Teambesprechungen, Elternabende und Entwicklungsgespräche, Aktionen im Rahmen der Öffentlichkeitsarbeit, Zusammenarbeit mit dem Träger;
- Verantwortlichkeiten: Zuständigkeiten und Funktionen (Trägervertreter, Leitung, stellvertretende Leitung, Gruppenleitung, ggf. Mitarbeitervertreter und Elternbeirat), Ämter und Dienste, die an Mitarbeiter delegiert wurden, Ansprechpartner im Haus für bestimmte Aufgaben;
- Regelungen: Sicherheit, arbeitsrechtliche Regelungen (Krankheit, Überstunden, Urlaubszeiten), Fortbildungsmöglichkeiten.

Auf jeden Fall sollte ein Rundgang durch die Einrichtung eingeplant werden, bei dem die neue Fachkraft mit den Gruppen bzw. Funktionsbereichen und den Kolleg(inn)en bekannt gemacht wird. Sie sollte außerdem die Möglichkeit bekommen, sich bei dem gesamten Team und den Eltern vorstellen zu können. Der erste Tagesordnungspunkt in der nächsten Teamsitzung ist dafür ein geeigneter Zeitpunkt. Für die Eltern kann ein Aushang mit Foto, persönlicher Vorstellung und Arbeitsbereich zunächst diesen Zweck erfüllen. Nach und nach erfolgen persönliche Kontakte, vor allem zu den Eltern „ihrer" (Bezugs-) Kinder. Es muss ihr ermöglicht werden, aktiv auf die Eltern zuzugehen.

Die pädagogische Konzeption als schriftlich fixierte Arbeitsgrundlage ist der nächste wichtige Ankerpunkt. Die konzeptionellen Grundlagen der Kita waren meist schon Thema im Einstellungsgespräch und mit der Bewerbung für diese Stelle müssen Sie als Leitung eine grundsätzliche Akzeptanz bei der neuen Fachkraft voraussetzen. In der Einarbeitungsphase kommt es nun besonders darauf an, durch eine enge Begleitung in Form einer Anleitung die praktische Umsetzung der Konzeption kennenzulernen. Ohne von Beginn an alle Aufgaben und Pflichten mit hundertprozentiger Verantwortung übernehmen zu müssen, profitieren besonders Berufseinsteiger/-innen von einer engmaschigen Begleitung und stetigem Austausch.

Einarbeitung ist Leitungsaufgabe

Als Leitung sind Sie sich bewusst, dass die neue Fachkraft zu Beginn ihrer Einarbeitungszeit noch nicht die volle Verantwortung für die ihr anvertrauten Kinder übernehmen kann. Sie kennt noch nicht die Kinder mit ihren individuellen Bedürfnissen und ihrem Unterstützungsbedarf. Ebenso sind ihr die Abläufe und Besonderheiten der Einrichtung noch nicht bekannt. Deshalb gilt es zu bedenken: Unterlaufen der neuen Fachkraft aufgrund mangelnder Einarbeitung Fehler, fällt das letztlich auf Sie als Gesamtverantwortliche zurück und Sie müssen vor allem mit arbeitsrechtlichen Konsequenzen vonseiten Ihres Trägers rechnen.

Wenn Sie mehrere neue Mitarbeiter/-innen in Ihrer Kita einarbeiten müssen, kommen Sie als Leitung mit der Bewältigung dieser Aufgabe vielleicht auch an Ihre Grenzen. Hilfreich ist es deshalb, dem/der neuen Kollegen/Kollegin eine erfahrene Fachkraft als Coach zur Seite zu stellen, die ihn/sie in der Einarbeitungszeit begleitet, unterstützt und jederzeit als Ansprechpartner zur Verfügung steht. Diese Lösung bedeutet eine deutliche Entlastung für Sie. Achten Sie aber auf jeden Fall auf regelmäßige Absprachen und eine klare Aufgabenverteilung. Wichtig ist: Machen Sie sich selbst ein Bild von der neuen Fachkraft. Während der Einarbeitungszeit befindet sie sich in aller Regel in der Probezeit. Sie sollten sich daher im Rahmen der Einarbeitung ein Bild von den Leistungen und vom Verhalten des/der Mitarbeiters/Mitarbeiterin machen und auch die Meinung der Kolleg(inn)en, insbesondere des Coaches, aber auch der Eltern und Kinder einholen. Am Ende des Einarbeitungsprozesses steht auch die Entscheidung an, ob Sie die Fachkraft auf Dauer beschäftigen oder ob sich Ihre Wege wieder trennen.

Schieben Sie den Zeitpunkt, zu dem Sie eine abschließende Einschätzung der Leistung der neuen Fachkraft vornehmen, nicht zu lange auf. Die Erfahrung zeigt: Wenn die Zusammenarbeit nach vier Monaten nicht funktioniert, wird es oft auch im fünften und sechsten Monat nicht besser. Führen Sie rechtzeitig ein Mitarbeitergespräch und informieren Sie den Träger über die Entwicklung, damit er seine Entscheidung treffen kann.

Strukturierung der Einarbeitungsphase

Um in die festgelegten wie ungeschriebenen Regeln und Normen der Einrichtung hineinzuwachsen brauchen auch berufserfahrene Kolleg(inn)en Zeit. Der Einarbeitungsprozess wird optimal gestaltet, wenn Sie folgende drei Phasen berücksichtigen:

Erste Phase: Kennenlernen

In der Einarbeitungsphase ist es wichtig, dass die neue Fachkraft alle Arbeitsbereiche (z.B. Frühdienst, Gruppenarbeit oder Mittagessen) nach und nach kennenlernt. Achten Sie darauf, die verschiedenen Bereiche detailliert zu erläutern. Je nach Größe und Komplexität der Einrichtung kennt der/die neue Mitarbeiter/-in nach ein bis zwei Monaten die grundlegenden Abläufe und ist mit Eltern und Kindern, für die sie zuständig ist, bekannt.

Zweite Phase: Konsolidierung

Die Vertiefung der einzelnen Arbeitsbereiche führt zur Konsolidierung der Mitarbeit im pädagogischen Team. Die neue Fachkraft wird in die Lage versetzt, alle anfallenden Arbeiten allmählich selbstständig zu übernehmen. In dieser Zeit kann es auch passieren, dass sie bestehende Vorgänge hinterfragt oder neue Vorschläge einbringt. Nehmen Sie die neue Fachkraft mit ihren Anregungen wahr und setzen Sie sich damit ernsthaft auseinander, denn diese bringen vielleicht eine Bereicherung und qualitative Verbesserung mit sich und der/die Neue fühlt sich wertgeschätzt und integriert. Häufig geschieht dies im dritten und vierten Monat, abhängig natürlich auch hier wieder von den Bedingungen (siehe oben).

Dritte Phase: Volle Verantwortung

In dem Maße, in dem die neue Fachkraft in der Lage ist, tägliche Aufgaben selbstständig zu leisten, wird sie zu einer tragenden Größe im Team. Sie führt in eigener Verantwortung alle Tätigkeiten aus und ist somit eingearbeitet. Abhängig von der Arbeitssituation kann etwa ab dem vierten Monat die Verantwortung auf eine/-n neue/-n Mitarbeiter/-in übertragen werden. Etwas mehr Zeit kann man sich bei Berufsanfänger(inn)en damit lassen.

Eine Checkliste ist hilfreich

In der ersten Zeit kann die Vielzahl von neuen Aufgaben, Regeln und Personen überfordernd wirken. Eine Einarbeitungshilfe in Form einer Checkliste hilft allen Beteiligten, den Überblick zu bewahren. Darin sind alle wichtigen, immer wiederkehrenden Abläufe, Regeln und Verhaltensweisen enthalten. Was in eine solche Liste aufgenommen wird, lässt sich dem Qualitätshandbuch und der pädagogischen Konzeption entnehmen. Das Team bzw. die Leitung kann diese Aspekte durch weitere ergänzen (Beispiel siehe S. 26).

Die neue Fachkraft trägt einmal im Monat ihre Einschätzung ihrer aktuellen Handlungskompetenz in den jeweiligen Bereichen in die Liste ein. Kreuzt sie die Ziffer 3 an, so erklärt sie damit, dass sie in diesem Arbeitsbereich eigenständig handeln und Verantwortung übernehmen kann und will. Ziffer 0 steht dagegen für völlige Ahnungslosigkeit im jeweiligen Bereich. Wird 0 oder 1 nach dem ersten Monat angekreuzt, muss geklärt wer-

Beispiel: Checkliste zur Einarbeitung

Einschätzung der Aufgaben	0	1	2	3
Ich kenne die Abläufe beim Frühdienst.				
Die Kinder sind mir mit Namen bekannt.				
Ich hatte mit allen Eltern Kontakt und kann diese den Kindern zuordnen.				
Meine Kolleg(inn)en sind mir namentlich bekannt.				
Ich kenne den Ablauf bei den Teambesprechungen.				
Mit der pädagogischen Konzeption habe ich mich auseinandergesetzt und kenne die wesentlichen Aspekte der pädagogischen Arbeit.				
...				

den, woran die Unkenntnis liegt und wie Abhilfe geschaffen werden kann. Nach ein bis zwei weiteren Monaten kann man erwarten, dass überwiegend die Ziffern 2 oder 3 angekreuzt werden. Leitung oder Coach bestätigen durch ihre Unterschrift die Übereinstimmung mit der Selbsteinschätzung des/der neuen Kollegen/Kollegin. Bei unterschiedlicher Einschätzung sollte Übereinstimmung erreicht werden. Ist dies nicht möglich, sollten Sie sich als Leitung mit einer weiteren Person (z.B. der stellvertretenden Leitung) besprechen.

Seinen Platz im Team finden

Die ersten Kontakte und Arbeitsschritte im neuen Team verlangen von der neuen Fachkraft Aufmerksamkeit und Präsenz. Nicht alle Informationen können verbal oder schriftlich übermittelt werden. Vieles bleibt unausgesprochen, vor allem Normen, die sich im sozialen Gefüge eines Teams entwickelt haben. Sicherlich wird man in dieser Situation vergleichen, abwägen und sich seine Meinung bilden. Im Laufe der Einarbeitungszeit kann es sich die neue Fachkraft erlauben, die Arbeitsweise und den Umgang im Team ohne Bewertung anzusehen und auf „Brauchbarkeit" zu prüfen. Sie sollte sich nicht scheuen, konstruktive Rückmeldung zu geben und nachzufragen, wenn etwas unklar oder unverständlich erscheint. Ein Personalwechsel beinhaltet für das bestehende Team immer die Chance, eingeschliffene Strukturen und Vorgehensweise auf ihre Aktualität und Wirksamkeit hin zu überprüfen. Dies sollte keine Kritik an der bisherigen Arbeitsweise darstellen, sondern kann konstruktiv für die qualitative Verbesserung genutzt werden. Ein Team, das es gewohnt ist, die eigene Arbeit zu reflektieren und die pädagogische Konzeption regelmäßig zu evaluieren und weiterzuentwickeln, hat damit ohnehin keine Probleme, sondern ist in der Lage, auch Kritik mit der nötigen Sachlichkeit aufzunehmen. In dieser Phase erkennt die neue Fachkraft die Qualitäten, die diese Kita – ihren neuen Arbeitsplatz – auszeichnen. Im gleichen Maße sieht sie nun auch Möglichkeiten, sich mit den eigenen Ressourcen und Fähigkeiten ins Team einzubringen, und macht dazu konkrete Angebote.

Fazit

Ist ein Einarbeitungskonzept (z.B. im Qualitätshandbuch) vorgesehen, erleichtert das den Einarbeitungsprozess neuer Mitarbeiter/-innen. Die Chance zu nutzen, die ein Personalwechsel mit sich bringt, kann für beide Seiten gewinnbringend sein. Voraussetzung dafür ist eine gut strukturierte Einarbeitungsphase und eine gepflegte Willkommenskultur in der Kita. Die erste Zeit der Zusammenarbeit braucht mehr Kommunikation und Abstimmung von beiden Seiten.

Literatur

Tietze, W./Viernickel, S. (Hrsg.) (2016): Pädagogische Qualität in Tageseinrichtungen für Kinder. Ein Nationaler Kriterienkatalog. 3. Aufl., Berlin: Cornelsen Scriptor.

7. Mitarbeiter/-innen wertschätzend verabschieden

Verlässt eine pädagogische Fachkraft die Einrichtung endgültig, so ist dieser Schritt oft mit vielfältigen Gefühlen verbunden – nicht nur aufseiten von Leitung und Team, sondern auch bei den Kindern und Eltern. Indem die Leitung den Abschied der Mitarbeiterin bzw. des Mitarbeiters bewusst und empathisch gestaltet, gibt sie allen Beteiligten die Möglichkeit, gut mit der Situation umzugehen. Abschied kann Aufbruch bedeuten und von Gefühlen wie Erleichterung und Freude begleitet sein. Jeder Abschied ist aber auch mit Trennung und Verlust verbunden. Mit dem Abschied vom Arbeitsplatz ist meist ein bestimmter Zeitabschnitt zu Ende, von dem das Leben mehr oder weniger entscheidend geprägt wurde. Je nachdem, ob dieser Arbeitsplatz als erfolgreiche Station oder als Misserfolg bzw. Irrtum im eigenen Leben oder aber als etwas irgendwo dazwischen wahrgenommen wird, überwiegen Gefühle von Freude über das Gelungene oder, im Gegenteil, Enttäuschung und Ärger. Auf jeden Fall hinterlässt jede Fachkraft Spuren – sowohl in der Kita als auch bei den Kolleg(inn)en. Gleiches gilt für die Kinder, aber auch für deren Eltern, mit denen im besten Fall eine partnerschaftliche Zusammenarbeit gepflegt wurde.

Abschied als Prozess

Vor diesem Hintergrund bedeutet der Trennungsprozess gleichzeitig, den Neuanfang für die zukünftige Kollegin bzw. den zukünftigen Kollegen vorzubereiten. Häufig werden im Zuge des Übergangs Vergleiche angestellt, sei es von den Teammitgliedern, sei es von den Eltern oder Kindern. Ein gelungener Abschied sollte daher geprägt sein von Wertschätzung gegenüber der Fachkraft, die geht, und Achtung vor ihren Leistungen. Gleichzeitig soll der zukünftigen Fachkraft der Weg bereitet werden.

Die Leitung muss sich bewusst sein, dass Abschiede aus professionellen Beziehungen oftmals bei den beteiligten Personen und zum Teil wohl auch bei ihr selbst frühere Erfahrungen aktivieren. Immerhin wird eine Zusammenarbeit beendet, die in den meisten Fällen mit einem Gefühl von Zusammengehörigkeit verbunden war. Gerade deshalb kann daraus eine Vielzahl von Verhaltensweisen resultieren, mit denen Abschiede umgangen oder hinausgezögert werden (vgl. Schwing/Fryszer 2009, S. 313).

Praxisbeispiel

Sieben Jahre war Evelyn K. als Gruppenleiterin in der Kita beschäftigt. Die Arbeit im neunköpfigen Team war getragen von gegenseitiger Wertschätzung und dem Engagement für die Kinder sowie einer weitestgehend partnerschaftlichen Zusammenarbeit mit den Eltern. Kleinere Krisen bewältigte das Team in konstruktiver Auseinandersetzung. Frau K. hatte sich in dieser Arbeitsatmosphäre immer sehr wohlgefühlt. Jetzt steht eine berufliche Veränderung an. In einem anderen Kindergarten derselben Gemeinde soll sie die Leitungsfunktion übernehmen. Unmittelbar nachdem der Wechsel angekündigt wurde, tritt bei den Kolleginnen plötzlich eine unerklärliche Anspannung auf und man geht sich auf einmal aus dem Weg. Auch Evelyn K. möchte gar nicht an den Abschied denken und schiebt ein beklommenes Gefühl von sich weg. Als schließlich ihr letzter Arbeitstag in der Kita gekommen ist, zwingt eine heftige Virusinfektion sie ans Krankenbett. Dort sieht sie sich gedanklich intensiv mit dem Abschied konfrontiert und Bilder eines früheren Schulwechsels steigen in ihr auf.

Den Abschied machen nicht allein Rituale an den letzten Arbeitstagen aus. Er ist ein Trennungsprozess, der mit vielen persönlichen Erfahrungen und Gefühlen verbunden ist. Je intensiver die Zusammenarbeit war, desto mehr ist in diesem Prozess eine umsichtige Vorgehensweise der Leitung gefragt.

Gestaltung der Abschiedszeit

Bereits zu dem Zeitpunkt, an dem der Weggang einer Fachkraft bekannt wird, äußert sich die Leitung authentisch und klar dem Team gegenüber. Sie zeigt selbst, was sie empfindet, und eröffnet damit auch ihren Mitarbeiter(inne)n die Möglichkeit, die mit der Nachricht verbundenen Gefühle wahrzunehmen und zu äußern. Auch den Kindern und Eltern gegenüber kann eine falsch verstandene Schonung den Ablösungsprozess behindern. „Schlusssituationen sind Schnittstellen, die häufig an frühere schmerzhafte Einschnitte erinnern. Der Abschiedsphase sollte deshalb genugend Zeit eingeräumt werden" (ebd., S. 315). So bleibt auch ausreichend Zeit, um zu klären, was alles für einen guten Übergang erfolgen muss und wie der/die Nachfolger/-in die Aufgaben sicher übernehmen kann. Die Leitung sollte auch auf mögliche Ängste der Kolleg(inn)en eingehen. Spezielle Aufgaben, die die ausscheidende Fachkraft übernommen hatte, müssen neu delegiert und der/die Nachfolger/-in entsprechend in sein/ihr Aufgabengebiet eingeführt werden. Diese aktive Auseinandersetzung mit der zukünftigen Situation wirkt in der Regel bestärkend und gibt den Kolleg(inn)en zugleich das gute Gefühl, nach dem Wechsel dort weitermachen zu können, wo sie jetzt stehen.

Auch die Eltern müssen informiert werden. Der Zeitpunkt dazu sollte mit Bedacht gewählt sein. Einerseits stärkt es das Vertrauensverhältnis, wenn Eltern über den bevorstehenden Abschied frühzeitig informiert werden, andererseits möchten sie ihre Kinder gut betreut und gefördert wissen. Deshalb ist es von Vorteil, wenn bei Bekanntgabe des Wechsels die künftige Bezugsperson ihrer Kinder bereits genannt werden kann. Eine klare Übergabe gibt den Eltern Sicherheit. In den abschließenden Entwicklungsgesprächen werden sie noch einmal über den aktuellen Stand bei ihren Kindern informiert. In diesen individuellen Gesprächen sollte die künftige Fachkraft möglichst wertschätzend erwähnt und um Vertrauen für sie geworben werden.

Durch die intensive Begleitung der Kinder in ihrem Entwicklungsprozess hat sich in vielen Fällen eine starke Bindung zwischen ihnen und der pädagogischen Fachkraft gebildet. Ihr fällt es deshalb manchmal besonders schwer, die Kinder von ihrem bevorstehenden Abschied in Kenntnis zu setzen. Ihnen in dieser Situation jedoch die entscheidende Information vorzuenthalten würde den Ablösungsprozess nur noch mehr erschweren oder sogar behindern. Wird ihnen ausreichend Gelegenheit gegeben, Fragen zu stellen und darüber zu sprechen, warum jemand geht, was sich dadurch ändern könnte und welche Sicherheiten den Kindern bleiben werden, erleichtert ihnen dies den Abschied um einiges. Ihre Reaktionen werden wahrgenommen und die damit verbundenen Gefühle akzeptiert. Die Kinder frühzeitig zu informieren bedeutet auch, Vertrauen in ihre Fähigkeiten zu setzen, mit Veränderung umzugehen. Natürlich muss der Zeitraum für Kinder absehbar bleiben. Sechs bis mindestens vier Wochen vor dem letzten Arbeitstag der Fachkraft in der Einrichtung sollten sie deshalb darauf vorbereitet werden.

Offizielle Verabschiedung und informelle Abschiedsfeier

Hier ist zu unterscheiden zwischen offiziellen und informellen Abschiedsritualen. Während ein/-e Mitarbeiter/-in offiziell durch die Leitung und ggf. durch einen Trägervertreter verabschiedet wird, erfolgt nicht selten auch eine informelle Verabschiedung durch die Kolleg(inn)en der Einrichtung. Letztere ist eine private Angelegenheit der Teammitglieder. Wird sie als private Feier geplant, muss sie außerhalb der Dienstzeit und ggf. auch in anderen Räumlichkeiten als denen der Einrichtung veranstaltet werden. Ausnahme: Der Träger erteilt seine ausdrückliche Zustimmung und übernimmt womöglich sogar einen Teil der Vorbereitungen. Dann handelt es sich um eine Betriebsveranstaltung, die versicherungsrechtlich abgedeckt ist. Es empfiehlt sich also, mit dem Träger generell abzuklären, wann und wo private Verabschiedungen von Mitarbeiter(inne)n durchgeführt werden dürfen. Manchmal lassen sich auch Pausen für inoffizielle Abschiedsfeiern nutzen.

Anders ist dagegen die offizielle Verabschiedung von Mitarbeiter(inne)n zu sehen. Diese ist Bestandteil einer kompetenten Personalführung und unterstützt ein gutes Betriebsklima. Um der Verabschiedung einen würdigen Rahmen zu geben und scheidende Mitarbeiter/-innen nicht in ihren Gefühlen zu verletzen, empfehle ich, ein offizielles und möglichst stets gleichbleibendes Abschiedsritual einzuhalten. Den passenden Rahmen dafür bildet die letzte Teamsitzung, an der die betreffende Fachkraft teilnimmt. Die Verabschiedung sollte deutlich von den anderen Tagesordnungspunkten abgegrenzt und von der Leitung vorgenommen werden. Eventuell ist bei dieser Gelegenheit auch ein Trägervertreter anwesend.

Ein würdiger Rahmen für den Abschied

Der Sinn eines Abschiedsrituals liegt darin, die Leistung und das berufliche Engagement, welches die scheidende Fachkraft in die gemeinsame Arbeit eingebracht hat, zu würdigen. Beides ist meistens für alle ganz offensichtlich und die ausdrückliche Hervorhebung kann auch als Ansporn für verbleibende Kolleg(inn)en wirken. Sind die Fähigkeiten einer Fachkraft allerdings nicht auf den ersten Blick ersichtlich oder war die Qualität ihrer Mitarbeit umstritten, muss die Leitung besonders darauf achten, wertfrei und neutral darauf hinzuweisen, wo ihre Ressourcen lagen und was diese für die Zusammenarbeit im Team bedeuteten. Auf keinen Fall werden in diesem Zusammenhang negative Situationen genannt bzw. versteckt darauf hingewiesen. Im Rahmen der offiziellen Verabschiedung darf weder nachträglich noch kleinlich aufgerechnet werden. Im Gegenteil ist in jedem Fall eine gewisse Großzügigkeit angebracht. Muss irgendeine Angelegenheit noch abgeschlossen werden, sollte dies bereits in einem persönlichen Gespräch zuvor zwischen Leitung und Mitarbeiter/-in erfolgt sein. Ein gelungenes Abschiedsritual kann dann auch spannungsreiche Verhältnisse befrieden und eine Akzeptanz des Geschehenen bei den Beteiligten bewirken.

In der Regel wird die Leitung in einer kurzen Ansprache zunächst auf den Werdegang der Fachkraft in der Einrichtung und evtl. auch auf ihre berufliche Entwicklung zurückblicken. Besonders wertschätzend wird dies erlebt, wenn deutlich wird, dass sich die Leitung der Einrichtung sorgfältig vorbereitet hat und zum Beispiel konkrete Jahreszahlen ins Spiel bringen kann. Auch heitere oder hintergründige Episoden oder auch interessante Details, die nicht allen Kolleg(inn)en bekannt sind oder vielleicht schon in Vergessenheit geraten waren, können diesen Zweck erfüllen. Mich selbst hat es jedenfalls sehr beeindruckt, als der Leiter der Fachakademie, an der ich tätig bin, in seiner Abschiedsrede für eine langjährige Mitarbeiterin Kompetenzen und einzelne Stationen ihrer beruflichen Entwicklung ansprach, die dem Kollegium nicht unbedingt bekannt waren. Die scheidende Kollegin war sichtlich berührt von den einfühlsam geschilderten Kenntnissen des Chefs. Eine Ansprache an scheidende Mitarbeiter/-innen geht also auf deren Fähigkeiten ein und betont zugleich, wie und wodurch sie die Arbeitsatmosphäre und die Zusammenarbeit im Team bereichert haben. Hierbei kann die Qualität der Zusammenarbeit noch einmal extra hervorgehoben und gewürdigt werden, indem die Leitung schildert, wie diese Fähigkeiten auf sie persönlich wirkten. Gute und individuell passende Wünsche für die Zukunft runden die Ansprache ab und erleichtern dem Team den bevorstehenden Abschied.

Die meisten Einrichtungen haben es sich zur Regel gemacht, zum Abschied ein kleines Geschenk zu überreichen. Dabei kommt es gar nicht so sehr auf dessen materiellen Wert an. Durch ihren oft hohen emotionalen Wert sollen solche Präsente vielmehr in erster Linie an die gemeinsame Zeit erinnern. Aus Einrichtungen, in denen ich vor vielen Jahren tätig war, finden sich in meinem Bücherregal einige Fotoalben, die mir noch heute lieb und teuer sind. Zusammen mit einer individuell gestalteten und von allen unterschriebenen Karte bringen diese Geschenke noch einmal die innere Anteilnahme des gesamten Teams am bevorstehenden Abschied zum Ausdruck.

Das Abschiedsgeschenk sollte einen besonderen emotionalen Wert haben

Fazit

Wird Gelegenheit gegeben, dass Kinder, Eltern und Kolleg(inn)en den bevorstehenden Abschied einer Mitarbeiterin bzw. eines Mitarbeiters innerhalb eines angemessenen Zeitraums bewältigen können, kann auch die nachfolgende Übergangssituation besser gemeistert werden. Gleichzeitig wird auf diese Weise eine gute Ausgangssituation für die neue Fachkraft geschaffen. Abschiedsrituale helfen, die Situation so zu akzeptieren, wie sie nun einmal ist.

Literatur

Schwing, R./Fryszer, A. (2009): Systemisches Handwerk – Werkzeug für die Praxis. 3. Aufl., Göttingen: Vandenhoeck & Ruprecht.

II. Die Weiterentwicklung des Teams fördern

1. Wie aus einer Gruppe ein Team wird

Teams sind soziale Systeme, die sich laufend verändern und formen. Dieser Prozess ist jedoch abhängig von Komponenten wie Mitarbeiter(inne)n, Rahmenbedingungen, Aufgabenstellung und vor allem vom Führungsstil der Leitungskraft.

Eine Gruppe ist noch kein Team

Manchmal ist es sinnvoll, eine Arbeitsgruppe zu bilden, die eine bestimmte Aufgabe übernimmt (z.B. Steuerungsgruppe zur Entwicklung eines Qualitätshandbuchs) und sich nach Erledigung der Aufgabe wieder auflöst. Teams dagegen sind eine dauerhafte Institution innerhalb der Einrichtung mit der Aufgabe, den pädagogischen Auftrag im Rahmen der Vorgaben des Gesetzgebers und Trägers umzusetzen.

Anhand dieser Kriterien kann die Leitung einschätzen, ob sie es mit einem Team oder lediglich mit Arbeitsgruppen zu tun hat. Arbeiten die Kolleg(inn)en beispielsweise ohne regelmäßigen Austausch eher isoliert nebeneinanderher, so handelt es sich nicht um ein produktives Team. In diesem Fall ist die Leitung gefordert, notwendige Prozesse in Gang zu setzen, damit aus einer losen Arbeitsgruppe ein starkes Team wird.

Von der Gruppe zum Team

Mit der formalen Gründung einer Arbeitsorganisation ist die Teamentwicklung nicht abgeschlossen, sondern beginnt erst. Ziel ist es, dass sich die Organisation von der rein funktionalen Arbeitsgruppe zum tragfähigen Team entwickelt. Kita-Teams sind regelmäßig personellen Veränderungen unterworfen. Ebenso sind sie stark prägenden Einflüssen ausgesetzt, besonders durch die intensive Zusammenarbeit mit Eltern und die Vorgaben des Trägers. Teams müssen daher in der Lage sein, Veränderungen und Entwicklungen zuzulassen. Andererseits brauchen sie einen stabilen Kern, um ihre Ziele kontinuierlich zu verfolgen.

Der amerikanische Psychologe Bruce Tuckman entwickelte 1965 das Modell der vier Teamphasen, das auch heute noch als maßgeblich für soziale Organisationen gilt. Durch experimentelle Forschungen und Feldforschungen erkannte er ein übergeordnetes Muster für die Entwicklung von Teams. Auf dieser Basis entwickelte er sein Modell, das den idealtypischen Verlauf eines Gruppenprozesses vom Kennenlernen bis zum gemeinsamen Arbeiten aufzeigt. Später kam noch eine fünfte Phase hinzu, nämlich die der Auflösung eines Teams, die er jedoch nicht mit Feldforschungen belegte, sondern eher als Empfehlung verstand. Für die Leitung sind an jede Teamentwicklungsphase andere Herausforderungen und Aufgaben geknüpft. Sie agiert dabei zielführender und sicherer, wenn sie in der Lage ist, die jeweilige Phase ihres Teams zu erkennen, zu analysieren und ihren Führungsstil situationsgerecht anzupassen.

(Arbeits-)Gruppen

- sind Bestandteil einer Organisation und kommen in konkreten Anliegen zusammen,
- erledigen bestimmte Aufträge,
- sind auf eine Abstimmungsroutine beschränkt,
- sind gekennzeichnet durch lose persönliche Kontakte,
- lösen sich nach Ausführung des Auftrags auf.

Teams

- erfüllen einen längerfristigen Auftrag,
- arbeiten die überwiegende Arbeitszeit zusammen an einem gemeinsamen Ziel,
- sind sich grundsätzlich einig über die Methoden, das Ziel zu erreichen,
- tauschen sich in ihrer Arbeit regelmäßig aus und reflektieren gemeinsam,
- können außergewöhnliche Leistungen vollbringen und schwierige Phasen überstehen,
- strahlen aus und ihre Produktivität überträgt sich auf ihre Umgebung,
- bestehen aus Mitgliedern, die sich gegenseitig motivieren und sich einander vepflichtet fühlen.

Phase 1: Der Anfang

Diese Phase beginnt mit Gründung einer Einrichtung. Ebenso kann auch ein Leitungswechsel oder personelle Fluktuation einen Neustart im Team erforderlich machen. In der sogenannten Forming-Phase lernen sich die Mitglieder kennen und finden heraus, welche Verhaltensweisen opportun sind. Verhaltensmuster wie Unsicherheit, Orientierung an Führungspersönlichkeiten oder Austesten des Rahmens prägen die Zusammenarbeit. Erste Einschätzungen der Kolleg(inn)en erfolgen, zum Beispiel in „sympathisch" oder „unsympathisch" (vgl. Don Bosco Medien 2015, S. 37f.). Beziehungen und Rollen werden noch geklärt und formen sich aus. Teammitglieder, die neu zueinander finden, teilen oft ihre Begeisterung für die gemeinsame Aufgabe und blicken optimistisch in die Zukunft. Diese Einstellung ist wertvoll, auch wenn sie in dieser Intensität nicht auf Dauer fortbesteht. Führungsqualität zeigt sich jetzt darin, die Motivation aufrechtzuerhalten, auch wenn sich mit der Zeit Hindernisse zeigen und die Zielerreichung schwieriger ist als gedacht. Auch ist es in dieser Phase günstig, wenn die Leitungskraft Raum lässt, damit Vertrauen untereinander wachsen kann. Diese Phase braucht klare Spielregeln – Arbeitsstrukturen und Ziele sollten klar benannt werden. Vertrauensbildende Maßnahmen wie Wertschätzung, Befindlichkeitsrunden zu Beginn einer Teamsitzung oder Zeiten für informellen Austausch sind hilfreich, um Sicherheit zu gewinnen. Den Kennenlernprozess kann die Leitung in dieser Phase auch steuern, indem sie zum Beispiel Teilaufgaben in wechselnden Teilgruppen bearbeiten lässt und so einer „Grüppchenbildung" entgegenwirkt.

Praxisbeispiel
Das Team der städtischen Kita hat sich personell stark verändert. Zu Beginn des Kindergartenjahres werden zwei Klausurtage durchgeführt, an denen gemeinsam die pädagogische Konzeption erarbeitet bzw. aktualisiert wird und die von einem Coach begleitet werden. Leitung und Coach haben abgesprochen, dass die Themen in immer neu auszulosenden Teilgruppen bearbeitet und die Ergebnisse dem Gesamtteam vorgestellt werden. Die Leitung verspricht sich davon, dass sich die Teammitglieder intensiver kennenlernen und Vertrauen zueinander gewinnen.

Phase 2: Klärung

Bevor der eigentliche Arbeitsauftrag angegangen und umgesetzt werden kann, durchlaufen viele Teams die sogenannte Storming-Phase. Je nach Perspektive wird sie auch als Organisations- oder Nahkampf-Phase bezeichnet. Die Art der Zusammenarbeit wie auch die Bewältigung der eigentlichen Aufgabe werden jetzt von manchen als problematisch empfunden. Alles erscheint plötzlich viel schwieriger als vermutet und die anfängliche Begeisterung sinkt schlagartig. Es können Positionskämpfe ausbrechen und auf einmal sind die individuellen Vorstellungen angeblich unvereinbar. Manche Diskussionen ziehen sich endlos (und auch ergebnislos) hin. Diese Phase ist für jedes Teammitglied nicht leicht: „Große Erfolge verlangen eine besondere Einstellung. Die daraus entstehende Spannung ist oft nicht leicht auszuhalten. Individuelle Interessen und Bedürfnisse fachen sie oft immer wieder an. Es gibt keinen natürlichen Ausgleich. Dafür muss hart gearbeitet werden. Es bedarf einer klaren Haltung. Die muss jeder im Team einnehmen. Und am Ende muss es sich lohnen, für jeden Einzelnen“ (Schmitz 2015, S. 15). Um diese Phase mit dem Team durchzustehen, braucht die Leitung hohe Aufmerksamkeit und eine klare Haltung. Ignoriert sie die Probleme oder versucht gar, Konflikte unter den Teppich zu kehren, kommt das Team nicht über diese Phase hinaus und bricht evtl. sogar auseinander. Die Leitungskraft bewahrt also einen kühlen Kopf und sorgt dafür, dass Konflikte tatsächlich angegangen werden. Sie schlägt Möglichkeiten zu deren Bearbeitung vor und greift notfalls schlichtend ein. Sie ermutigt alle zur Offenheit, macht klare Zielvorgaben und verständigt sich mit dem Team auf Regeln der Zusammenarbeit. In dieser Phase ist es besonders wichtig für das Team, das Verbindende zu betonen, um eine gemeinsame Basis zu schaffen.

Phase 3: Stabilisierung

Laut Tuckman schließt sich die sogenannte Norming-Phase an. Nach der Verständigung auf Regeln beginnt das Team, die Zusammenarbeit konkret zu gestalten. Rollen werden geklärt und der Zusammenhalt des Teams bzw. die Einbindung jedes Mitglieds sind allen ein Anliegen. Ein offener Austausch von Informationen, Meinungen und Positionen findet statt, kreative Lösungen und Kompromisse sind möglich. Hier schaut die Leitung besonders darauf, dass die sich abzeichnende Aufgaben- und Rollenverteilung den Möglichkeiten der betreffenden Fachkraft auch gerecht wird. Nach wie vor achtet sie auf Einhaltung der vereinbarten Regeln. Die Konsolidierung des Teams ermöglicht es ihr nun, zunehmend die Rolle des Moderators einzunehmen und die Teammitglieder stärker in Entscheidungsprozesse einzubeziehen.

Praxisbeispiel
Im örtlichen Kindergarten schwelt ein Konflikt zwischen Kinderpflegerinnen und einigen Erzieherinnen. Die Kinderpflegerinnen fühlen sich oft übergangen und sind verärgert über die schlechtere Bezahlung, obwohl sie den Eindruck haben, die gleiche Arbeit zu leisten wie ihre Kolleginnen. Darin sehen einige Erzieherinnen Kompetenzüberschreitungen und werfen den Kinder-

pflegerinnen vor, Arbeitsaufträge nicht auszuführen. Die Situation eskaliert. Eine scharfe Auseinandersetzung während einer Teamsitzung macht der Leiterin deutlich, dass sie eingreifen muss. Für die Teamsitzungen fordert sie deshalb von allen die Einhaltung bestimmter Kommunikationsregeln:

- Sprich von dir und übernimm Verantwortung für deine Aussagen!
- Bleib bei der Sache!
- Hör aufmerksam und mit Respekt zu, wenn eine andere Person dir etwas mitteilt!
- Formuliere Kritik innerhalb des Teams, nicht außerhalb!

Zudem entwirft die Leitung für Erzieherinnen und Kinderpflegerinnen Stellenbeschreibungen, die mit dem Träger abgestimmt werden. In den Mitarbeitergesprächen kommuniziert sie jedem Teammitglied dessen Aufgabenbereich. Sie stellt klar, dass nur sie Weisungsbefugnis hat, im Vertretungsfall und für bestimmte Bereiche die stellvertretende Leitung.

Interventionen wie im Beispiel führen zu Klarheit im Team und mehr Respekt voreinander. Die Teammitglieder bleiben nicht in ihrem Konflikt „hängen". Für eine positive Entwicklung des Teams ist dieser Konflikt, vor allem aber seine Klärung eine notwendige Erfahrung. Danach können sich alle wieder dem eigentlichen Arbeitsauftrag widmen.

Phase 4: Intensive Arbeitsphase

Werden die vorangehenden Prozesse konstruktiv bewältigt, so beginnt nun die produktive Arbeit. Das Team durchläuft die Performing-Phase. Es agiert einvernehmlich und orientiert sich an gemeinsamen Zielen. Dabei herrscht eine Atmosphäre gegenseitiger Akzeptanz und Wertschätzung bei gleichzeitig hoher Effektivität und Leistungsorientierung. Bei Konflikten oder Problemen (z.B. Wechsel der Leitung) kommunizieren die Teammitglieder miteinander und sind an guten Lösungen für das Gesamtteam interessiert. Die Leitung kann sich nun etwas zurückziehen und ihrem Team vertrauen. Sie führt regelmäßige Besprechungen durch und sorgt für eine stetige Weiterentwicklung. Sie hat die Zielvorgaben im Blick und widmet sich verstärkt der Entwicklung einzelner Teammitglieder. Außerdem vertritt sie das Team nach außen hin und hält Kontakt zum Träger.

Phase 5: Bilanzierung und Trennung

Für die wenigsten Kita-Teams tritt diese Phase ein, da sie auch beim Wechsel von Mitarbeiter(inne)n bestehen bleiben. Tuckman nennt diese Phase „Adjourning", was eigentlich „Vertagung" bedeutet. Relevant ist diese Phase vor allem für zeitlich befristete Projektteams. Einige Mitarbeiter/-innen bedauern diesen Schritt, da häufig eine hohe Identifikation mit dem Arbeitsteam besteht. Aufgabe der Leitung in dieser Phase ist es, dafür zu sorgen, dass gemeinsame und individuelle Teamerfahrungen reflektiert werden, um daraus für spätere Gruppenarbeiten zu lernen. Auch diese Phase sollte bewusst gestaltet werden, um das Erreichte im Team noch einmal zu würdigen und das Projekt gemeinsam abzuschließen. Die Teilnehmer/-innen ziehen Bilanz und werten die Ergebnisse aus.

Handelt es sich um offene Teams, die einem stetigen Mitgliederwechsel ausgesetzt sind, kann es sein, dass einzelne Phasen immer neu durchlaufen werden. Für den Teambildungsprozess ist das unerlässlich und muss akzeptiert bzw. offensiv angenommen werden. Ansonsten würde sich das Team nicht produktiv weiterentwickeln und sich zwischen Storming und Norming hin- und herbewegen, bis es womöglich zermürbt aufgibt (einzelne Phasen siehe Schaubild S. 34)

Professionelle Hilfe

Manchmal ist es für ein Team hilfreich, wenn es in bestimmten Phasen Unterstützung von außen bekommt. Gerade in der Storming-Phase kann professionelle Begleitung durch einen Coach oder Teamtrainer wichtig sein. Die Klärung von Rollen und Aufgaben, die Entwicklung einer zielführenden Kommunikation sowie Regeln und Strukturen tragen dazu bei, dass sich das Team stabilisiert und die Performing-Phase erreicht. Ein zunehmendes Wir-Gefühl schafft Vertrauen und gibt Sicherheit: „Denn nur mit einem ausgeprägten Wir-Gefühl kann es gelingen, die Teamregeln mit Leben zu erfüllen und mit der notwendigen Motivation im Team zu arbeiten. Und gerade dieses Zusammengehörigkeitsgefühl macht den Unterschied zu einer bloßen Arbeitsgruppe aus" (Don Bosco Medien 2015, S. 41). Eine zeitliche und finanzielle Investition, die sich also absolut lohnt.

Modell der Teamphasen (nach Bruce Tuckman)

Phase	Zustand	Unterstützung durch die Leitung
1. **Forming**	• lose Gruppe • höflicher Umgang • Ungewissheit/Unklarheit/Unordnung	• Vertrauensbildung fördern • Ziele/Rahmen klar benennen • „Spielregeln" definieren • Arbeitsstrukturen festlegen
2. **Storming**	• unterschwellige Konflikte • Positionskämpfe • Entweder-oder-Diskussionen • Cliquenbildung • mühsames Vorwärtskommen	• „Aufruhr" zulassen • Konflikte ansprechen • Gemeinsamkeiten unterstützen • Nichteinhaltung gemeinsamer Regeln sanktionieren • Einhaltung der Kommunikationsregeln einfordern
3. **Norming**	• Beginn des eigentlichen Arbeitens • offener Austausch und Diskussion • Wir-Gefühl • Wertschätzung • Akzeptanz anderer Sichtweisen	• Regeln überprüfen • Arbeitsteilung • moderieren • Verantwortung in die Gruppe geben
4. **Performing**	• Optimierungen • Flexibilität und Ideenreichtum • Leistungsfähigkeit • Integration persönlicher Interessen und Stärken • Solidarität und Hilfsbereitschaft	• auf Ziele achten • Aufgaben delegieren • die Arbeit reflektieren • Erfolge feiern • aufmerksam wahrnehmen, in welcher Phase sich das Team befindet (Merkmale anderer Phasen können sich wiederholen)
5. **Adjourning**	• Ziel/Arbeitsergebnis ist erreicht • Abschied • evtl. Bedauern	• Erfolg würdigen • Bilanz ziehen • Reflexion und Ausblick

Fazit

Ein echtes Team zeichnet sich durch ein ausgeprägtes Wir-Gefühl aus, ist in der Lage, auftretende Schwierigkeiten gemeinsam konstruktiv zu lösen, und hat die Rollen und Aufgaben seiner Mitglieder geklärt. Gleichzeitig verfügt es über die Fähigkeit, respektvoll miteinander zu kommunizieren, und integriert neue Mitarbeiter/-innen. Damit all das möglich wird, ist ein Prozess nötig, in dem auch schwierige Zeiten und Tiefs auftreten. Erkennt die Leitung die einzelnen Phasen dieses Prozesses und ist in der Lage, ihr Führungsverhalten darauf abzustimmen, erreicht sie auch das Ziel eines konstruktiven und produktiven Teams.

Literatur

Don Bosco Medien (2015): So geht's: Teamarbeit in der Kindertagesstätte. München: Don Bosco.

Schmitz, M. (2015): Teamcoaching: Grundlagen, Anleitungen, Fallbeispiele. Weinheim: Beltz.

Tuckman, B. (1965): Developmental sequences in small groups. In: Psychological Bulletin, 63, S. 384–399.

2. Entwicklung eines Wir-Gefühls

Zusammenhalt im Team ist in Phasen starker Belastung eine wichtige Ressource. Führen beispielsweise Erkrankungen zu personellen Engpässen und damit zu mehr Arbeitsbelastung für einzelne Mitarbeiter/-innen, braucht jedes Teammitglied das Vertrauen seiner Kolleg(inn)en und muss ihnen auch blind vertrauen können. Es kann immer wieder geschehen, dass schwierige Situationen mit Eltern das Gefüge der Kita ins Wanken bringen. Grenzsituationen mit Kindern lassen Mitarbeiter/-innen an ihren pädagogischen Fähigkeiten zweifeln. Gerade dann ist Rückhalt im Team gefordert. Die Erfahrung, dass auf die Unterstützung des Teams gezählt werden kann, wenn es darauf ankommt, gibt Sicherheit und führt zu größerer Souveränität. Soziologen sprechen dann von einem positiven Wir-Gefühl. Aber das muss erst einmal erarbeitet werden. Die Verbesserung der Qualität im Team wirkt sich immer auch auf Effektivität und Erfolg sowie auf die Kreativität und Arbeitsfreude aus. Wenn Sie als Leitung darauf achten, im Team

- ein positives Wir-Gefühl zu entwickeln,
- die Kommunikation untereinander zu verbessern und
- Erfolge miteinander zu feiern,

stellen sich positive Effekte rasch ein.

Was heißt „Wir-Gefühl"?

Es ist vor allem ein subjektives Erleben der einzelnen Mitglieder einer Gruppe und wird geprägt von Identifikation, Bindungen sowie dem Grad an Vertrauen, das diese Person in das Team hat. Es geht dabei natürlich auch um Vorteile, die das Team jedem einzelnen Mitglied bringt. Die Attraktivität eines Teams für die/den Einzelne/-n birgt hohe Motivation, sich für den gemeinsamen Arbeitsauftrag einzusetzen. In der Wissenschaft wird das „Wir-Gefühl" als eine der maßgeblichen Determinanten für Gruppenkohäsion und als Charakteristikum einer Gruppe benannt. Gruppenkohäsion bezeichnet das Gemeinschaftsgefühl innerhalb der Gruppe.

In welcher Qualität ein Team seine Aufgaben erfüllen kann, hängt laut einer Studie von Mullen und Copper (1994) vom Grad der Gruppenkohäsion ab. Umgekehrt scheint es wiederum aber auch so zu sein, dass gemeinsame Erfolge eines Teams dessen Gruppenzusammenhalt und somit das Wir-Gefühl stärken. Außerdem steigert eine hohe Kohäsion in der Gruppe die Zufriedenheit und Partizipation der Mitglieder. Gemeinsame Ziele werden eher akzeptiert und in einem Team mit hohem Zusammenhalt ist die Fluktuation tendenziell gering(er) (vgl. Cartwright und Zander 1968). Das Wir-Gefühl ist also entscheidend für den Erfolg eines Teams und seine Attraktivität für die einzelnen Mitarbeiter/-innen. Dazu gehört der Dialog über

- den gemeinsamen Auftrag,
- die gemeinsamen Ziele,
- eine gemeinsame Zukunftsvorstellung bzw. Vision,
- gemeinsame Werte.

Die Qualität des Wir-Gefühls eines Teams hat entscheidenden Einfluss auf dessen Resilienz und Arbeitserfolg. Es entsteht oft automatisch, wenn eine Gruppe lange zusammenarbeitet, im gemeinsamen Handeln Erfolge verbucht und Erfahrungen miteinander teilt.

Das Wir-Gefühl stärken

Kinder erlernen soziale und emotionale Kompetenzen gerade auch durch das Vorbild der einzelnen Fachkraft und des Teams. Es ist also notwendig, dass die Teammitglieder ausgeprägte Kompetenzen in diesen Bereichen mitbringen. Auch im Team müssen die pädagogischen Fachkräfte zum Beispiel in der Lage sein, Aufgaben verantwortungsvoll zu teilen und Konflikte miteinander zu lösen. Schon bei der Einstellung sollten diese Fähigkeiten berücksichtigt werden. Bestehende Teams brauchen Unterstützung, um ein Wir-Gefühl auszubilden. Um dieses dann dauerhaft zu stärken, sollten Sie als Leitung auf folgende Grundsätze achten:

- Nichts motiviert mehr als Erfolg: Diese Erkenntnis aus der Motivationspsychologie sollte Leitlinie für die Teambildung sein. Die drei „S" des Erfolgs – schnell, sicher und sichtbar – treten häufig bei Aktionen mit Öffentlichkeitscharakter ein. Wenn Sie Ihre Mitarbeiter/-innen dabei unterstützen und dem Team seinen Erfolg rückmelden, begreift es sich als Einheit und macht die Erfahrung: „Gemeinsam sind wir stark".

- Sie stärken die gemeinsame Leistung des Teams, wenn Sie nach erfolgreicher Beendigung einer Aktion Ihre Anerkennung ausdrücken. Lenken Sie den Blick der Mitarbeiter/-innen in der jährlichen Bilanz auf das gemeinsam Erreichte: „Was haben wir geleistet?" Durch Visualisierung mittels Präsentation, Fotos oder Videosequenzen und gesammelten Presseberichten lässt sich das Erreichte den Mitarbeiter(inne)n buchstäblich vor Augen führen. Laden Sie dazu auch den Träger und Elternbeirat ein.
- Binden Sie das gesamte Team ein und übertragen Sie Aufgaben an alle Mitarbeiter/-innen. Für bestimmte Bereiche und Aufgaben können Sie wechselnde Expertenteams bilden und in die Verantwortung nehmen, zum Beispiel für Inklusion, gemeinsame Feiern usw. Zwischen den Expertenteams werden Absprachen und Kooperation gepflegt. So wächst das Bewusstsein Ihrer Mitarbeiter/-innen, für die Einrichtung als Ganzes zuständig zu sein.
- Sprechen Sie allen Mitarbeiter(inne)n gegenüber die Erwartung aus, dass sie nur zusammen als Team die Einrichtung voranbringen. Keine/-r kann die anstehenden Aufgaben allein meistern. Erst die Bündelung unterschiedlicher Kräfte und Fähigkeiten führt zu qualitativ hochwertigen Ergebnissen.

- Als Leitungskraft bieten Sie Ihrem Team Rückhalt in kritischen Situationen. Ihr besonnener Umgang trägt dazu bei, unaufgeregt den nötigen Abstand zu gewinnen. Erscheinen Eltern, um sich über Mitarbeiter/-innen zu beschweren, gilt für Sie der Grundsatz: keine Vorverurteilung! Zuerst wird der/die Beschuldigte angehört. Indem Sie den Beschwerdeführern ankündigen, die Vorwürfe zu klären, signalisieren Sie Souveränität in dieser Angelegenheit. Auch wenn ein Vorwurf nachvollziehbar sein sollte, so darf sich die beschuldigte Fachkraft dennoch zu Recht eine möglichst objektive Klärung der Situation wünschen. Dadurch wächst Vertrauen und die Fachkraft fühlt sich im Team gut aufgehoben.
- Und nicht zuletzt Rituale: Sie stärken die Gemeinschaft zusätzlich und betonen die gemeinsame Leistung. Beispielsweise kann ein gemeinsames Frühstück zum Jahresbeginn das Team motivieren, das bevorstehende Jahr mit vereinten Kräften anzupacken. Oder eine Einladung zum Essen als informeller Abschluss des Jahres kann unterstreichen, dass zusammen gute Arbeit geleistet wurde. Nutzen Sie dabei auch die Gelegenheit einer kurzen Ansprache an die Mitarbeiter/-innen.
- Die Wertschätzung einzelner Mitarbeiter/-innen durch Gratulation zu Geburtstagen und Feier von Jubiläen versteht sich eigentlich von selbst und muss an dieser Stelle nicht näher ausgeführt werden. Auf jeden Fall trägt sie zur individuellen Identifikation mit dem Team bei.

Kommunikationsempfehlungen für Teams

Ein bewusster und umsichtiger Dialog ermöglicht es den Teammitgliedern, sich partizipativ einzubringen. Er schafft Vertrauen und stärkt die Bindung zu den Kolleg(inn)en. Für ein besseres Gelingen dieses Dialogs ist es hilfreich, sich an bestimmten Kommunikationsempfehlungen zu orientieren. In Anlehnung an Scott M. Peck können Sie acht solcher Empfehlungen nutzen, die den Teammitgliedern dabei helfen, einander mit weniger Voreingenommenheit und mehr Wertschätzung zu begegnen (siehe Kasten rechts). Ein ehrlicher und zugleich respektvoller Umgang miteinander schafft Vertrauen und vermittelt die Sicherheit, vom Team angenommen zu sein. Dies hat den positiven Effekt, dass sich die Mitarbeiter/-innen engagieren und mit ihren Fähigkeiten einbringen. Auch wenn Sie als Leitungskraft diese Empfehlungen einführen, übernimmt dennoch jedes Teammitglied die Verantwortung für deren Einhaltung.

Solche Empfehlungen über längere Strecken hinweg zu beherzigen, fällt nicht auf Anhieb leicht. Zu stark sind viele Menschen in herkömmlichen Mustern gefangen wie zum Beispiel, sich gegenseitig anzuklagen oder zu beschuldigen, anstatt von eigener Wahrnehmung zu sprechen. Viele Kolleg(inn)en haben die Befürchtung, sich mit ihrer Meinung nicht beliebt zu machen, und vermeiden deshalb, dieses Risiko einzugehen. Leider bleiben so aber wertvolle Ideen, Perspektiven oder Lösungen ungenutzt.

Die Kommunikationsempfehlungen sollten immer präsent sein und bewusst praktiziert werden. Die Leitung kann sie auf ein Plakat schreiben und im Teamzimmer aufhängen. Oder sie können einzeln auf Karten festgehalten und vor jeder gemeinsamen Sitzung ausgelegt werden. Anfangs wird es hilfreich sein, eine Fachkraft auszuwählen, die bei Bedarf auf die Einhaltung der Empfehlungen hinweist. Später können diese Aufgabe alle übernehmen. Kommt es während einer Teamsitzung zu starken Emotionen oder gar zu Chaos, dann kann es helfen, eine Minute der Stille einzulegen. Dafür kann ein angenehmes akustisches Signal gewählt werden, zum Beispiel eine Klangschale. Wird diese von einem Teammitglied betätigt, folgt eine Minute des Innehaltens. Die Gesprächsführung achtet auf Einhaltung der Zeit und greift danach den Faden wieder auf.

Zur Einführung der Kommunikationsempfehlung bedarf es einer Übungsphase. Dazu eignen sich gemeinsame Fortbildungstage, an denen das Team zunächst mit den Empfehlungen vertraut gemacht wird und sie dann unter fachlicher Begleitung anwendet. Sie werden sehen, dass sich dieser Prozess in jeder Hinsicht lohnt (siehe dazu auch Kapitel „Wertschätzende Kommunikation").

Kommunikationsempfehlungen

1. Sei pünktlich zu jeder Gesprächsrunde bzw. Teamsitzung: Drücke damit deinen Respekt aus und zeige, dass dir die gemeinsame Aufgabe ein Anliegen ist.
2. Sprich in Ich-Form bzw. formuliere Ich-Botschaften: Wer von sich spricht, greift andere nicht an. So lässt sich der eigene Standpunkt gut einbringen bzw. vertreten, ohne andere abzuwerten. Allerdings erfordert das Mut und Vertrauen.
3. Sprich von dir und deiner momentanen Erfahrung: Doziere und belehre nicht, rechtfertige dich nicht und vermeide Ratschläge.
4. Drücke dein Missfallen innerhalb des Team aus, nicht außerhalb: Eine ehrliche Meinung zu äußern ist nicht immer der bequemste Weg. Er bietet aber die Chance, alle Aspekte zu bedenken und durchdachte(re) Lösungen zu finden.
5. Bleibe präsent: Man kann mit oder ohne Worte beteiligt sein bzw. bleiben und dies auch zeigen. Beschäftigung mit dem Handy oder andere Ablenkungen während der gemeinsamen Sitzung gehen gar nicht.
6. Höre aufmerksam und zugewandt zu, wenn ein/-e Kollege/Kollegin dir etwas mitteilt: Zuhören fällt zwar nicht immer leicht und manchmal formuliert man schon die Antwort, während die andere Person noch spricht. Aber wer wirklich zuhört, findet auch die passgenaue Antwort.
7. Halte absolute Vertraulichkeit ein: Grundvoraussetzung für ein gutes Wir-Gefühl ist die Gewissheit, dass alles gesagt werden darf. Dies setzt jedoch das Vertrauen voraus, dass nichts ohne Absprache nach außen weitergegeben wird.
8. Fasse dich kurz: Kurze und prägnante Statements sind eine Kunst, die man einüben kann. Die Kolleg(inn)en werden es dir danken und zu schätzen wissen.

Professionelle Begleitung

Speziell bei Konflikten oder stark divergierenden Vorstellungen werden diese und weitere Kommunikationsempfehlungen bisweilen von einem Coach oder Supervisor genutzt. Kommunikationstrainer bieten auch einen sogenannten Wir-Prozess an, der ein oder zwei Tage dauert, dem Team Hilfestellung zur dauerhaften Verbesserung des Umgangs miteinander leistet und so das Wir-Gefühl stärkt:

Erfolge feiern

Gemeinsam Spaß zu haben, schafft Verbundenheit im Team. Erfolge und Leistungen wollen auch gefeiert werden. Gelegenheit dazu bieten beispielsweise ein erfreulich verlaufenes Projekt, der Abschluss des Kindergartenjahres oder die Fertigstellung der pädagogischen Konzeption. Was auch immer der Anlass sein mag: Er sollte hervorgehoben und auch nach außen dargestellt werden. Um das Wir-Gefühl zu stärken, muss es nicht immer ein eigens anberaumter Termin mit hohem Organisationsaufwand sein. Ein ansprechend gedeckter Tisch nach der Teamsitzung, Blumenschmuck oder eine kurze Ansprache der Leitung, in der die Leistung der Mitarbeiter/-innen gewürdigt wird, entfalten genauso ihre Wirkung.

Fazit

Der Erfolg der pädagogischen Arbeit einer Kita hängt stets von der Teamleistung ab. Keine Einzelperson kann die komplexe Arbeit allein bewältigen. Entwickelt das Team ein positives Wir-Gefühl in Übereinstimmung darüber, wie die pädagogischen Ansprüche umgesetzt werden, schafft dies die Voraussetzung für qualitativ hervorragende Arbeit. Reflektierte Kommunikation ist ein zentraler Schlüssel zu diesem Wir-Gefühl.

Literatur
Cartwright, D./Zander, A. (1968): Group Dynamics, Research and Theory. London: Tavistock Publications.
Mullen, B./Copper, C. (1994): The Relation between Group Cohesiveness and Performance: An Integration. In: Psychological Bulletin, 115, S. 210–227.
Peck, S. M./Brase, G. (2014): Gemeinschaftsbildung: Der Weg zu authentischer Gemeinschaft. Beetzendorf: Eurotopia.

3. Individuelle Fähigkeiten und Stärken für das Team nutzen

Teams verfügen über ein weitaus größeres Potenzial als ihnen in der Regel bewusst ist. Im Alltag besteht die Tendenz, dieses Potenzial nicht mehr wahrzunehmen. Indem ein Team sich wieder darauf besinnt und individuelle Stärken und Ressourcen zum geeigneten Zeitpunkt abrufen kann, werden gerade arbeitsintensive und stressbeladene Zeiten besser bewältigt. Ein großer Vorteil von Gruppen gegenüber dem Einzelnen besteht in der sogenannten kollektiven Intelligenz. Diese wird dann freigesetzt, wenn nicht Konkurrenz, sondern das gemeinschaftliche Interesse im Vordergrund steht. „Kollektive Intelligenz ist die Klugheit von Entscheidungen, die wir treffen, nachdem wir uns miteinander beraten haben" (Molzahn 2015, S. 73).

Jede Fachkraft bringt bestimmte Fähigkeiten und Ressourcen mit

Jedes Teammitglied hat besondere Fähigkeiten
Abgesehen von der fachlichen Qualifikation, die jede pädagogische Fachkraft einbringt, sind personale und soziale Kompetenzen von grundlegender Bedeutung. Darüber hinaus bringt jedes Teammitglied besondere Stärken und Fähigkeiten in die gemeinsame Arbeit ein. Diese prägen die fachliche und zwischenmenschliche Qualität und verleihen dem Team individuelle Prägung und Ausstrahlung. Dazu einige Beispiele:
Organisationsgeschick: Manche Mitarbeiter/-innen haben ein besonderes Talent, Abläufe zu koordinieren und effektiv zu planen.

Emotionale Kompetenz: Das ganze Team profitiert, wenn ihm Kolleg(inn)en angehören, die sich gut in andere hineinversetzen können und geschickt darin sind, Konflikte zu entschärfen.

Überblick: Manchen Mitarbeiter(inne)n gelingt es auch in arbeitsintensiven Phasen oder emotional angespannten Situationen, die Geschehnisse mit Abstand zu sehen und dadurch wirksame Lösungswege zu erkennen.

Kreativität: Innovative Ideen und Begeisterungsfähigkeit sind Merkmale kreativer Menschen. Oft fällt es ihnen leichter, sich von festen Vorstellungen zu lösen, und das kann andere im Team inspirieren, auch mal etwas Neues auszuprobieren.

Initiative: Um Ziele zu verfolgen, braucht es Menschen, die vorangehen und andere motivieren können, sich auf den Weg zu machen.

Gewissenhaftigkeit: Manche Mitarbeiter/-innen zeigen Ausdauer, wenn es darum geht, eine Aufgabe durchzuziehen, auch wenn es mal schwierig wird. Damit bieten sie den Kolleg(inn)en wichtige Orientierung.

Individuelle Fertigkeiten: Musikalische Talente, handwerklich begabte Mitarbeiter/-innen usw. können die pädagogische Arbeit auf besondere Weise prägen und bereichern.

Es ist für das Team ein großer Verlust, wenn solche Kompetenzen nicht eingebracht werden. Die Leitung selbst sollte natürlich einige dieser Kompetenzen in sich vereinen, aber: Keiner kann alles! Erfolgreiche Teams pflegen daher eine Atmosphäre gegenseitiger Wertschätzung und haben das Vertrauen, dass sich jedes Mitglied mit seinen Fähigkeiten einbringt. In diesem Zusammenhang bedeutet gute Mitarbeiterführung auch, individuelle Stärken zu erkennen, wertzuschätzen und entsprechend klug zu delegieren. Damit Teammitglieder aber überhaupt bereit sind, diese einzubringen, braucht es ein Arbeitsklima, in dem es lohnenswert erscheint, sich mit persönlichen Kompetenzen zu engagieren.

Voraussetzungen, damit sich Teammitglieder mit ihren Stärken einbringen

Auf der Grundlage meiner Ausbildungen und Erfahrungen als Supervisor und Teammitglied habe ich das Modell der sieben Ebenen entwickelt. Darin sind die Aspekte dargestellt, die ein solches Arbeitsklima ausmachen:

1. Ebene: Orientierung – Einzelkämpfer oder Team?

Ein Team ist nicht nur die Summe von Arbeitskraft. Es lebt von den verschiedenen Charakteren und Kompetenzen seiner Mitglieder. In diesem Zusammenhang wird die Tragweite einer kollektiven Intelligenz deutlich. Kurz gesagt: Gemeinsam sind wir schlauer und effizienter. Wenn jede Fachkraft ihre Fähigkeiten einbringen kann, ohne Neid oder Ängste bei den Kolleg(inn)en zu wecken, ist dies eine wichtige Voraussetzung, um kollektive Intelligenz zu nutzen.

Praxisbeispiel

In die Projektarbeit der Kita bringen sich die pädagogischen Fachkräfte mit ihren Kompetenzen ein. Nicht die Beschränkung auf eine gute Präsentation der eigenen Gruppe steht im Vordergrund, sondern der Lernerfolg aller Kinder der Einrichtung.

Wenn Sie als Leitung herausfinden möchten, wie es im Team darum bestellt ist, können folgende Fragen weiterhelfen:

- Werden Beiträge und Ideen Einzelner wohlwollend aufgenommen oder unbesehen verworfen?
- Ziehen sich die Mitarbeiter/-innen in Kleingruppen zurück oder werden Inhalte diskutiert?
- Fragen Teammitglieder zu Ideen und Möglichkeiten hinsichtlich bestimmter Problemstellungen bei Kolleg(inn)en nach?

Als Leitung haben Sie die Möglichkeit, dies zu kultivieren, indem Sie Themen regelmäßig zur gemeinsamen Diskussion stellen und vom Gesamtteam getragene Lösungen favorisieren. Die Methode der kollegialen Beratung eignet sich hervorragend, um spezifische Problemstellungen gemeinsam zu erarbeiten (siehe Kapitel „Die kollegiale Beratung“).

2. Ebene: Kommunikation – durchlässig oder blockiert?

Wie steht es um die Kommunikation im Team? Dieser Frage sollten Sie sich als Leitung regelmäßig stellen. Allzu leicht gehen im hektischen Alltag Kommunikationswege verloren und es ist schade, wenn dadurch der Kommunikationsfluss unter den Teammitgliedern unterbrochen wird.

Praxisbeispiel

Die Kita-Leitung ist verärgert, weil anstehende Aufgaben mehrmals doppelt oder gar nicht organisiert wurden. Auf Nachfrage stellt sich heraus, dass diese in den Teamsitzungen zwar besprochen, aber entweder im Protokoll nicht festgehalten oder die Mitschriften nicht von allen Teammitgliedern gelesen wurden. Das Team vereinbart, künftig folgende Schritte einzuhalten: (1) Aufgabe konkret benennen; (2) Zuständigkeit festlegen; (3) Aufgabe und Zuständigkeit im Protokoll festhalten; (4) allen Mitarbeiter(inne)n Zugang zu den Protokollen ermöglichen; (5) alle lesen die Protokolle.

In regelmäßigen Abständen sollten Sie folgende Fragen reflektieren:

- Kommen wichtige Informationen bei allen Mitarbeiter(inne)n an?
- Erhalte ich Fragen oder Rückmeldungen zu bestimmten Themen oder anstehenden Aktivitäten?
- Welche Kommunikationswege werden von den Teammitgliedern bevorzugt genutzt: offizielle oder inoffizielle?

Achten Sie als Leitung darauf, dass genügend offizielle Austauschmöglichkeiten zur Verfügung stehen und diese auch genutzt werden. Sprechen Sie Probleme oder auch Ihre Empfindungen dazu direkt an und warten Sie nicht darauf, dass sich Blockaden von selbst lösen. Machen Sie Ihre Mitarbeiter/-innen darauf aufmerksam, dass es verpflichtend ist, die aktuellen Sitzungsprotokolle zu lesen, sodass alle auf gleichem Informationsstand sind.

3. Ebene: Individuelle Haltung – Wertschätzung oder Ignoranz?

Die Haltung macht's! Die Atmosphäre im Team hängt ganz entscheidend von gegenseitiger Wertschätzung ab. Ignoranz oder sogar offene Ablehnung gegenüber einzelnen Kolleg(inn)en vergiften die Gesamtatmosphäre. Nicht nur die Kinder der Einrichtung, sondern auch die Fachkräfte müssen so etwas wie Selbstwirksamkeit erfahren, damit sie motiviert sind, ihre Fähigkeiten im Team einzubringen.

Praxisbeispiel
Die Erzieherin Frau S. kündigt an, alle Kinder am Montagmorgen zum Singkreis einzuladen. Die Idee dazu bringt sie aus einer Fortbildung mit. Sie erhofft sich davon, dass die Kinder entspannter im Kindergarten ankommen. Einzelne Kolleginnen nehmen daran teil und berichten nach einigen Treffen, dass dieses Angebot bei vielen Kindern tatsächlich zu mehr Ausgeglichenheit führt. Andere Kolleginnen ziehen sich in ihren Gruppenraum zurück und scheinen sich nicht für den Singkreis zu interessieren.

Ob und wie sich Ihre Mitarbeiter/-innen von den Kolleg(inn)en gesehen fühlen, können Sie anhand folgender Fragen herausbekommen:

- Werden Erfolge Einzelner von den Kolleg(inn)en anerkannt?
- Zeigen die Teammitglieder Interesse an den Aktivitäten der Kolleg(inn)en?
- Wird nachgefragt, wenn jemand eine Aktion angekündigt hat?

Diese Fragen können Sie immer mal wieder in Teamsitzungen direkt an die Fachkräfte richten und so die Aufmerksamkeit auf die Leistungen einzelner Kolleg(inn)en lenken. In Mitarbeitergesprächen können Sie nachfragen, wie diese sich von den anderen wahrgenommen fühlen. Ist wenig Interesse erkennbar, kann das auch einmal zu Beginn einer Teamsitzung thematisiert werden.

4. Ebene: Individuelle Fähigkeiten – aktiv einbringen oder zurückhalten?

Damit sind nicht Aufgaben gemeint, die zum allgemeinen Arbeitsauftrag gehören, sondern die eingangs beschriebenen persönlichen Stärken und Kompetenzen, die die Qualität der gemeinsamen Arbeit steigern.

Praxisbeispiel
Eine Mutter kritisiert das Verhalten einiger Erzieherinnen, die wiederum empört reagieren und sich persönlich angegriffen fühlen. In dieser konflikthaften Situation zeigt eine Fachkraft große Souveränität im Umgang mit der Mutter. Durch ihre klare Sichtweise und emotional distanzierte Haltung gelingt es ihr, im Team für einen entspannteren Umgang mit der Situation zu sorgen. Dies trägt entscheidend dazu bei, dass eine gemeinschaftlich getragene Vorgehensweise im Hinblick auf die Konfliktsituation rasch eine akzeptable Lösung bringt.

Folgende Fragen können hilfreich sein, um individuelle Stärken und Interessen der Mitarbeiter/-innen festzustellen:

- Was ist mir über einzelne Mitarbeiter/-innen bekannt?
- Was ist ihnen wichtig?
- Wofür interessieren sie sich, wofür engagieren sie sich?

Hierfür ist das persönliche Gespräch mit den Mitarbeiter(inne)n von großer Bedeutung. Gelegenheiten dazu bieten sich bei informellen Treffen wie zum Beispiel Mitarbeiteressen, Betriebsausflug oder betrieblichen Feiern. Im Mitarbeitergespräch kann es ebenfalls zu einem Austausch über individuelle Werte, Interessen und Kompetenzen kommen. Manchen Mitarbeiter(inne)n tut es gut, wenn sie von der Leitung eingeladen werden, entsprechende Fähigkeiten ins Team einzubringen.

5. Ebene: Aufgabenverteilung – geeignet oder nicht geeignet?

Es müssen nicht alle alles gleich gut können. Von einer pädagogischen Fachkraft darf und muss man fachliche Kompetenzen in vielen Bereichen erwarten. Darüber hinaus gibt es Aufgaben, die nicht unbedingt in der Ausbildung vermittelt werden. Hierbei ist die Fachkraft auf Eigeninitiative angewiesen.

Praxisbeispiel
Eine Kinderpflegerin äußert im Team, dass sie nicht in der Lage ist, Protokolle von Teamsitzungen zu verfassen. Einige Kolleg(inn)en sind entrüstet, da das Protokollschreiben bisher nach einem festen Reglement erfolgte. Hier stellt sich die Frage, ob es sinnvoll ist, solche Prinzipien beizubehalten. Wenn die Kinderpflegerin in einem anderen Bereich ihre Qualitäten zum Einsatz bringen kann, ist dem Team damit sicher mehr geholfen.

Fragen Sie sich also vor der Erteilung von Aufgaben:

- Wer ist zu welchen Aufgaben am besten in der Lage?
- Wie kann den Mitarbeiter(inne)n trotz unterschiedlicher Aufgabenverteilung das Gefühl der Gleichbehandlung vermittelt werden?

Der Umgang mit Unterschiedlichkeit erfordert von der Leitung Fingerspitzengefühl. Bei ihren Entscheidungen muss sie die Effizienz der gesamten Arbeit im Blick behalten. Solche Entscheidungen werden dann am ehesten von allen mitgetragen, wenn sie klar sind und begründet werden. Ganz gleich, wie Entscheidungen ausfallen, sollten sie immer transparent gemacht werden.

6. Ebene: Kapazitäten gezielt nutzen

Um Kompetenzen optimal zu nutzen, muss die individuelle Situation der einzelnen Mitarbeiter/-innen berücksichtigt werden. Je nach Qualifikation, Stundenkontingent und Erfahrung sollten diese eingesetzt werden.

Praxisbeispiel

Eine Kinderpflegerin, die sehr strukturiert ist und organisatorisches Talent hat, führt äußerst gewissenhaft Woche für Woche die Essensbestellung für die Kita durch. Für diese Aufgabe erhält sie eine zusätzliche Verfügungszeit von einer Stunde wöchentlich.

Ein Plan könnte helfen, um die Mitarbeiter/-innen nach bestimmten Gesichtspunkten einzubinden:

- Welche Kapazitäten stehen individuell zur Verfügung?
- Gibt es erfahrene Teammitglieder, die bestimmte Abläufe routiniert und gewissenhaft erledigen können?
- Welche Entlastung bringt dies für Leitung und Team?

Werden Mitarbeiter/-innen gezielt für bestimmte Aufgaben eingesetzt, sollte dies gut durchdacht sein. Die Fachkraft sollte befragt werden, ob sie sich diese Aufgabe auch zutraut und welche Ressourcen sie dafür benötigt. Eine klare Delegation mit gelegentlicher Nachfrage („Wie läuft's?") entlastet Leitung und Team.

7. Ebene: Mitarbeiter/-innen – wahrgenommen oder ignoriert?

Die Motivation, zusätzliche Aufgaben zu übernehmen und gewissenhaft durchzuführen, hängt entscheidend vom Feedback der Leitung ab. Grundsätzlich sollte dem/der Mitarbeiter/-in für seine/ihre Bereitschaft gedankt werden. Darüber hinaus hilft ihm/ihr eine ehrliche und wertschätzende Rückmeldung seitens der Leitung, die Aufgabe entsprechend den Anforderungen umzusetzen.

Praxisbeispiel

In einer Teamsitzung schildert eine Erzieherin dem Team die Inhalte einer Fortbildung, an der sie vor Kurzem teilgenommen hat. Es gelingt ihr, die Kolleg(inn)en „mitzunehmen" und sie mit neuen Impulsen zu aktivieren. Die Leitung lobt die Bereitschaft der Mitarbeiterin und spiegelt ihre Fähigkeit, andere im Team für eine Sache zu begeistern.

Nicht zuletzt sollte sich die Leitung immer wieder selbst reflektieren:

- Nehme ich die Mitarbeiter/-innen in ihren individuellen Bemühungen wahr?
- Wann habe ich das letzte Mal konstruktiv Feedback gegeben?
- Wie kommt meine Rückmeldung bei den Teammitgliedern an?

Konstruktives Feedback ist eine Rückmeldung, die so gestaltet sein sollte, dass Sie sie als Leitung auch selbst gut annehmen könnten. Sie ist ehrlich, wertschätzend und spiegelt die Leistung der Fachkraft wider. Entspricht die Durchführung einer Aufgabe nicht den Erwartungen, sollte dies mitgeteilt werden. Dabei ist es oft hilfreich, nachzufragen, wo mögliche Schwierigkeiten lagen, und ggf. Unterstützung anzubieten bzw. Verbesserungsvorschläge einzubringen.

Fazit

Es wird deutlich, dass in Teams, in denen sich die einzelnen Mitglieder mit ihren Fähigkeiten und Stärken einbringen, ein wohltuendes Arbeitsklima herrscht. Die Mitarbeiter/-innen erfahren und wissen, dass sich ihr Einsatz lohnt. Erfährt die Leitung von ihrem Team dagegen kaum Unterstützung, sollte sie sich fragen, an welchen der dargestellten Ebenen im Team gearbeitet werden muss.

Literatur

Heidenberger, B.: Unternehmer-Tipps. Zeitblüten – Entspannung und Entlastung im (Arbeits-) Alltag. www.zeitblueten.com

Molzahn, R. (2015): Tough Love. Norderstedt: Verlag BoD – Book on Demand.

4. Wie Teams gemeinsame Ziele entwickeln

Nicht immer verfolgen alle Mitglieder eines Teams dieselben Ziele. Oft haben sie ähnliche Ziele, verbinden damit jedoch eher vage Vorstellungen. Manchmal sind die Zielvorstellungen aber auch sehr unterschiedlich, was dann in der täglichen Zusammenarbeit zum Ausdruck kommt. In der Regel ergibt sich nur selten die Gelegenheit, die pädagogischen Ziele der Einrichtung zu kommunizieren, sie miteinander abzustimmen oder auch kritisch zu hinterfragen. Am ehesten geschieht dies noch, wenn das Team an der Weiterentwicklung der pädagogischen Konzeption arbeitet, was sich deshalb einmal pro Jahr empfiehlt.

Sich gemeinsam auf den Weg machen – das Ziel im Blick

Funktion von Zielen

Ziele helfen uns, den Weg dorthin zu bestimmen und diesen miteinander zu gehen. Es ist wie bei einer Wanderung, bei der eine Gruppe gemeinsam einen Berg erklimmen will. Am Anfang steht die Auswahl des Gebiets, die Wandergruppe formiert sich. Je nach Schwierigkeitsgrad und Anforderungen entscheiden die Wanderer, welche Vorbereitungen nötig sind. Nach eingehender Beschäftigung mit den örtlichen Gegebenheiten orientiert man sich an einer Wanderkarte oder nutzt ein Navigationsgerät. Es ist nicht im Sinn der gemeinsamen Tour, wenn jeder seinen eigenen Weg geht oder einzelne Gruppenmitglieder auf der Strecke bleiben. Vielmehr müssen die Kräfte gebündelt werden und die unterschiedlichen Fähigkeiten allen zur Verfügung stehen.

Auch in der Kita steht am Anfang die Zielbestimmung. Dabei orientiert sich das Team an den vorgegebenen Anforderungen (z.B. gesetzlicher Auftrag, Bildungspläne) sowie an den Voraussetzungen, die die Kinder mitbringen. Werden die Ziele klar definiert und wird dafür ausreichend Zeit aufgewendet, erspart sich das Team in der weiteren Arbeit langwierige Diskussionen, da die Notwendigkeit von Arbeitsaufgaben nachvollziehbar wird. Nach außen tritt das Team als Einheit auf und vermittelt dadurch fachliche Kompetenz. Dies wiederum gibt sowohl den Mitarbeiter(inne)n als auch den Kindern und ihren Eltern Orientierung und Sicherheit. Ziele müssen allerdings immer wieder neu justiert und abgestimmt werden. Gravierende Veränderungen der Gegebenheiten, neue pädagogische Erkenntnisse oder einschneidende Personalwechsel machen stets eine Neuorientierung notwendig.

Aufgabe der Leitung

Ihre Aufgabe als Leitungskraft besteht also darin, die gemeinsam definierten Ziele im Auge zu behalten und ggf. auf ihre regelmäßige Evaluation hinzuwirken. Eine aufmerksame Leitung nimmt wahr, wenn sich einzelne Teammitglieder in entgegengesetzte Richtungen bewegen. Wie ein Wanderführer achtet sie darauf, dass die Gruppe auf dem Weg zusammenbleibt. Schlägt eine Fachkraft oder eine Gruppe innerhalb des Teams eigene Wege ein, dann sollte die Leitung nachfragen, warum der gemeinsame Weg verlassen wird. Vielleicht kennt die betreffende Fachkraft ja eine Abkürzung zum vereinbarten Ziel. Ansonsten liegt die Ursache von Unstimmigkeiten über Inhalte und Methoden oft in der fehlenden gemeinsamen Zielorientierung. Bevor also lange Diskussionen geführt werden, wäre es sinnvoll, zunächst einmal zu fragen: „Was möchten wir eigentlich bezwecken? Und ist dies auch im Sinne unseres pädagogischen Auftrags und der konzeptionell verankerten Ziele?“

Eine professionelle und zugleich kindgerechte Zielorientierung ist die Voraussetzung für eine qualitativ hochwertige pädagogische Arbeit. Vor dem Handeln steht immer das Ziel. Denn Pädagogik ohne Zielsetzung endet oft in bloßem Aktionismus, verschwendet Ressourcen und führt schließlich dazu, dass die Fachkräfte rotieren bis zur Erschöpfung. Dies wiederum wirkt sich negativ auf deren Motivation und Einsatzbereitschaft aus.

Motivation und „Störungen"

Klar ist, dass für eine qualitätsorientierte pädagogische Arbeit engagierte Mitarbeiter/-innen gebraucht werden. Gut strukturiertes Arbeiten an gemeinsamen Zielen motiviert schon aus sich heraus. Empfehlenswert ist, dafür Klausurtage zu nutzen, um in stressfreier Atmosphäre genug Zeit für Information, Austausch und Diskussion zu haben. Die Begleitung durch einen externen Coach entlastet die Leitung und sichert einen professionellen Ablauf, an dessen Ende die gemeinsamen Überzeugungen herausgearbeitet und fachlich korrekt als Ziele formuliert werden. Bemerken Sie als Leitung eine starke Demotivierung einzelner oder mehrerer Teammitglieder, sollte dies vor der gemeinsamen Arbeit mithilfe geeigneter Methoden angesprochen werden. Dafür empfiehlt sich zum Beispiel die Themenzentrierte Interaktion (TZI) nach Ruth Cohn: „Störungen haben Vorrang". Erst nach einer Klärung ist der Weg frei für eine konstruktive inhaltliche Arbeit. Diese gestaltet sich wesentlich leichter und ergiebiger, wenn Störungen (häufig auf der Beziehungsebene) erkannt, angesprochen und geklärt werden.

Fühlen sich Mitarbeiter/-innen zurückgewiesen, wirkt sich das demotivierend aus und kann zu Widerstand oder Verweigerung führen. Anstatt deren Vorschläge und Einwände zu übergehen oder abzuweisen, sollten sie aufgegriffen und ernst genommen werden. Werden Ziele von einzelnen Mitarbeiter(inne)n generell abgelehnt oder sogar boykottiert, müssen diese dafür in die Pflicht genommen werden. Beispielsweise, indem von der betreffenden Fachkraft ein Lösungsvorschlag eingefordert wird. Hat sie ihren Standpunkt klar und für alle verständlich formuliert, kann auf sachlicher Ebene eine Auseinandersetzung mit abschließender Abstimmung erfolgen.

Gesetzliche Grundlagen zur Zielentwicklung

Bevor die gemeinsamen Ziele einer Kita definiert werden, informiert sich die Leitung über einschlägige Bestimmungen, die für die pädagogische Arbeit verbindlich sind. Damit sind die grundsätzlichen Eckpunkte schon mal gesetzt. In SGB VIII ist das Recht des Kindes auf Erziehung und Förderung sowie der Schutzauftrag von Einrichtungen der Kinder- und Jugendhilfe festgelegt (§1). Des Weiteren sind Kindertageseinrichtungen dazu verpflichtet, Kinder entsprechend zu beteiligen (§8) und die Gleichberechtigung von Jungen und Mädchen zu gewährleisten (§9). Die Bundesländer haben jeweils eigene Gesetze für Kindertageseinrichtungen erlassen. Ihnen gemeinsam ist der eigenständige Bildungsauftrag von Kitas. Darüber hinaus schreiben einzelne Bundesländer weitere Schwerpunkte fest, die von den dortigen Kindertageseinrichtungen bei ihrer Zielsetzung zu berücksichtigen sind. Hier einige Beispiele:

- Im Bayerischen Kinderbildungs- und Betreuungsgesetz (BayKiBiG) wird deutlich gemacht, dass Inklusion, Teilhabe und eine kokonstruktive Grundhaltung grundsätzliche Voraussetzungen für die pädagogische Arbeit darstellen (vgl. §1 AVBayKiBiG).
- Das Kindergartengesetz in Baden-Württemberg sieht die Inklusion behinderter Kinder gesetzlich vor (vgl. §2 Abs. 2 KiTaG).
- Nordrhein-Westfalen verpflichtet Mitarbeiter/-innen in Kindertageseinrichtungen ausdrücklich zum regelmäßigen Dialog mit den Eltern und zur Beachtung ihrer erzieherischen Entscheidungen (vgl. §3 Abs. 3 KiBiz).
- Ebenso sind regionale Besonderheiten zu berücksichtigen: In Sachsen sieht das Gesetz über Kindertagesstätten vor, dass die sorbische Sprache und Kultur im entsprechenden Ansiedlungsgebiet zu unterstützen ist (vgl. §2 Abs. 5 SächsKiTaG).

Gesetzliche Vorgaben stellen eine Art Grundkonsens dar, sodass über sie nicht mehr diskutiert werden kann. Bei Anstellung in einer Kindertageseinrichtung verpflichten sich die pädagogischen Fachkräfte unter anderem zur Einhaltung und aktiven Umsetzung dieser Bestimmungen.

Hierarchie von Zielen

Im Rahmen der pädagogischen Konzeptionsarbeit werden Bildungs- und Erziehungsziele definiert, die sich hierarchisch nach ihrem Wirkungsgrad unterscheiden:

Leitziele sind die obersten Bildungsziele, die in den gesetzlichen Bestimmungen und Bildungsplänen der Bundesländer festgelegt sind. Beispiel: „Der Kindergarten zeichnet sich durch ein offenes Bildungsklima aus. Erzieherinnen eröffnen Kindern vielfältige Erfahrungsmöglichkeiten. Sie interessieren sich für Erklärungen und Theorien der Kinder, unterstützen sie in deren Erklärungsversuchen und deren Überprüfung" (Ministerium für Bildung, Kultur und Wissenschaft des Saarlandes 2006, S. 11).

Richtziele beziehen sich auf die Entwicklung von Kompetenzen. Beispiel: „Kinder in ihren Ich-Kompetenzen stärken. Pädagoginnen und Pädagogen ermuntern die Mädchen und Jungen, sich ihrer Gefühle, Bedürfnisse und Ansprüche, also ihrer Individualität bewusst zu werden und sie angemessen auszudrücken" (Senatsverwaltung für Bildung, Jugend und Wissenschaft Berlin 2014, S. 28).

Lernziele oder operationalisierbare Ziele werden auf die Erlangung einzelner Fähigkeiten oder auf Wissenszuwachs hin formuliert. Ihre Erreichung lässt sich durch Lernzielkontrolle oder gezielte Beobachtung überprüfen. Beispiel: „Die Kinder haben Interesse am Dialog und sind fähig, Dialoge zu führen."

Feinziele geben Teilziele an, die für einen überschaubaren Zeitraum oder im Rahmen einer bestimmten pädagogischen Aktion definiert werden. Beispiel: „Die Kinder spüren verschiedene Materialien auf der Haut und können diese benennen" (vgl. Mager 1994, S. 19ff.).

Zielbestimmung mit der SMART-Methode[1]
Die Schwierigkeit, zu gemeinsamen Zielen zu kommen, liegt oft darin, dass unterschiedliche und vor allem unausgesprochene Vorstellungen über Sinn und Zweck der pädagogischen Arbeit im Raum stehen. Ziele „smart" zu definieren, unterstützt eine strukturierte Reflexion, hilft, Klarheit über gemeinsame Ziele zu bekommen und Abweichungen rechtzeitig festzustellen. Die SMART-Methode setzt sich aus folgenden Aspekten zusammen:

Spezifisch: Ein Ziel ist kein vager Wunsch, sondern konkret, präzise und ohne Interpretationsspielraum formuliert. Beispiel: „Auf Grundlage eines ausgewogenen Selbstwertgefühls entfalten Kinder zunehmend ihre Fähigkeit zu selbstständigem Handeln." Inhalte und Methoden zur Erreichung des Ziels können auf dieser Grundlage als Qualitätsstandards definiert werden, die für alle pädagogischen Fachkräfte verbindlich sind, zum Beispiel: „Den Kindern wird ausreichend Zeit und angemessene Unterstützung gegeben, damit sie sich selbstständig an- und auskleiden können."

Messbar: Sie müssen anschließend überprüfen können, ob das Ziel erreicht wurde. Oft ist ein Ziel längerfristig angelegt. Dann ist es notwendig, „Meilensteine" einzuplanen und das große Ziel in überschaubare Teilziele zu zerlegen. Auf das o.g. Ziel bezogen könnten zum Beispiel Tätigkeiten benannt werden, die in einem gewissen Zeitraum von den Kindern selbstständig durchgeführt werden. Damit halten Sie sich und Ihre Mitarbeiter/-innen bei der Stange, können rechtzeitig Abweichungen vom Plan feststellen und notfalls eine Kurskorrektur vornehmen. In der pädagogischen Konzeption einer Kita werden meist qualitative Ziele genannt. Hier ist das Team gefordert: Wie lässt sich feststellen, dass sich beispielsweise die Beziehungen unter den Kindern verbessert haben oder dass bestimmte Basiskompetenzen ausgebaut wurden? Hierfür sollten deshalb auch Instrumente der Zielüberprüfung eingeplant werden, wie zum Beispiel gezielte Beobachtung.

Akzeptanz: Dieser Aspekt ist für ein Team sehr wesentlich. Es genügt nicht, dass nur Sie als Leitung mit der Zielerreichung positive Bilder verbinden. Sie sollten Ihre Mitarbeiter/-innen mitnehmen, indem Sie ihnen Raum für eigene Werte und Vorstellungen, aber auch für Zweifel und Befürchtungen lassen. Bei konträren Einstellungen innerhalb des Teams geht es darum, gemeinsam einen Konsens zu entwickeln. Oft sind ausreichende Informationen erforderlich, zum Beispiel, wenn im Team unterschiedliche Auffassungen vom Grad der Partizipation von Kindern herrschen. Dann ist eine gemeinsame Fortbildung oder ein Impulsreferat zum Thema hilfreich.

Realistisch: Ein Team kann sich durchaus hohe Ziele stecken. Ja, es sollte sich sogar Ziele stecken, die es fordern, allerdings auch nicht überfordern. Ziele müssen erreichbar sein, sonst ist die Enttäuschung vorprogrammiert und Energien werden verschwendet. Ein Ziel ist nur dann realistisch, wenn es mit den verfügbaren Ressourcen umgesetzt werden kann. Wenn geeignete Instrumente der Zielüberprüfung konsequent eingesetzt werden, können Ergebnisse hinterfragt, Handlungen darauf abgestimmt und ggf. auch korrigiert werden. Teilziele sind dabei hilfreich. Unter dem Ziel, die Basiskompetenz Selbstständigkeit zu erlangen, kann als Teilziel formuliert werden: „Die Kinder beteiligen sich entsprechend ihrem Entwicklungsstand und individuellen Fähigkeiten am Einrichtungsgeschehen." Das Verhalten der Kinder, ob und wie sie sich selbstständig in Partizipationsprozesse einbringen, lässt sich dabei konkret beobachten.

Terminierbar: Richtziele sind oft längerfristig angesetzt, zum Beispiel: „Welche Kompetenzen sollen die Kinder bis zur Einschulung entwickeln?" Damit solche Zielformulierungen nicht leere Phrasen bleiben, sollten sie zu festgesetzten Zeiten überprüft und im Team evaluiert werden. Manche Ergebnisse können individuell für einzelne Kinder ermittelt werden, beispielsweise durch jährliche Sprachstandserhebung.

Zielformulierung

Negative Bilder sind der Zielerreichung nicht förderlich, sondern betonen zu sehr die Defizite. Positiv formulierte Ziele schaffen eine Vorstellung vom Zustand nach deren Erreichung und benennen Kompetenzen, über die Kinder dann verfügen. Also nicht „Die Kinder sollen weniger Stress haben", sondern „Die Kinder sind in der Lage, Belastungen sicher zu bewältigen". Dadurch wird das Bild eines angenehmen Zustands vermittelt, für den sich auch Anstrengung und Veränderung lohnen.

Präsentation von Zielen

Im Rahmen guter Öffentlichkeitsarbeit und entsprechend dem Recht der Eltern auf Information ist es unabdingbar, die pädagogischen Ziele auch nach außen darzustellen. In der Regel geschieht dies durch die Veröffentlichung der Konzeption, des Qualitätshandbuchs und mit einem ansprechenden Internetauftritt. Nicht alle Eltern informieren sich jedoch aktiv über das pädagogische Geschehen, deshalb sollte der Zugang möglichst vereinfacht sein (z.B. Plakat im Eingangsbereich der Kita). Das schafft Transparenz gegenüber den Eltern und baut somit Vertrauen auf. Die Teammitglieder wiederum werden durch die ständige Präsenz der positiv und spezifisch formulierten Ziele motiviert, sich mit ihnen zu identifizieren und ihre Umsetzung zu unterstützen.

Fazit

Ohne fachlich fundierte Ziele – positiv und spezifisch formuliert – kommt heute keine Kita mehr aus. Ziele bilden die Grundlage und Voraussetzung für Qualitätsstandards einer Einrichtung. Aufgabe der Leitungskraft ist es, den Prozess der Zielentwicklung im Team anzustoßen, in Gang zu halten, auf die Umsetzung der Ziele zu achten und diesen Prozess regelmäßig mit dem Team zu evaluieren.

Anmerkung

1 SMART: Führen durch Zielvereinbarung ist eine Methode aus der Betriebswirtschaftslehre zur Führung von Mitarbeiter(inne)n eines Unternehmens. Sie wurde 1955 von Peter F. Drucker erfunden.

Literatur

Haas-Edersheim, E./Drucker, P. F. (2007): Alles über Management. Heidelberg: Redline-Wirtschaft.

Löhmer, C./Standhardt, R. (2015): TZI – Die Kunst, sich selbst und eine Gruppe zu leiten. Stuttgart: Klett-Cotta.

Mager, F. (1994): Lernziele und Unterricht. Weinheim: Beltz.

Ministerium für Bildung, Kultur und Wissenschaft des Saarlandes (Hrsg.) (2006): Bildungsprogramm für saarländische Kindergärten. Weimar, Berlin: verlag das netz.

Senatsverwaltung für Bildung, Jugend und Wissenschaft Berlin (Hrsg.) (2014): Berliner Bildungsprogramm für Kitas und Kindertagespflege. Weimar, Berlin: verlag das netz.

5. Motivation im Team fördern

Die sozialen, ökonomischen und ökologischen Gegebenheiten unserer Gesellschaft haben sich stark verändert. Sie prägen die Erwartungen und Forderungen an Bildungseinrichtungen wie Kitas. Infolgedessen verändert sich deren Auftrag. Themen wie Gestaltung von Bildungsprozessen, flexible Öffnungszeiten, Kinder unter 3 Jahren in der Kita, Inklusion, Interkulturelle Erziehung, Sprachförderung, Partizipation, Vernetzung, Erziehungs-

und Bildungspartnerschaft mit den Eltern sind zum festen Bestandteil der Arbeit pädagogischer Fachkräfte geworden. Hinzu kommt, dass die Entwicklung eines eigenen Profils unabdingbar ist, um im Wettbewerb dauerhaft bestehen zu können. Voraussetzung dafür ist ein entsprechendes Qualitätsmanagement. „Kita-Leitungen müssen daher ihre Analyse-Fähigkeiten schärfen, um die richtigen Prioritäten zu setzen und den Wandel aktiv zu gestalten. Für die Leitungen, aber auch für die Träger bedeutet dies seit langem, dass in den Kindertageseinrichtungen effiziente Managementstrukturen entwickelt und stetig überprüft werden müssen. Viele Einrichtungen stellen sich bereits einem fortgesetzten Prozess der Qualitätsentwicklung, um Abläufe zu verbessern und zu einer strukturiert lernenden Organisation zu werden" (Meyn/Walther 2014, S. 11).

Hohe Ansprüche an die Fachkräfte

Für das Team kommt erschwerend hinzu, dass die personellen und finanziellen Rahmenbedingungen eher selten den genannten Anforderungen und neuen Aufgaben angepasst werden. Dies führt zu enormen Ansprüchen an die Mitarbeiter/-innen, die von manchen auch als Belastung erlebt werden. Nicht selten leidet die Motivation und Bereitschaft, die eigenen Kenntnisse und Fähigkeiten zu reflektieren und auf aktuellen Stand zu bringen. Immer wieder kommt es vor, dass eine bestimmte pädagogische Herausforderung mit den Wertvorstellungen von Mitarbeiter(inne)n kollidiert und Widerstand entsteht.

Praxisbeispiel

Das Team des Kinderhauses „Sonnenschein" erarbeitet sich in einer Teamfortbildung Sinn und Zweck von Partizipation. Der pädagogische Wert und die Bildungsaspekte einer partizipativ ausgerichteten Pädagogik werden von allen Mitarbeiterinnen schnell geteilt. Als es darum geht, den Tagesablauf mehr nach den Wünschen und Bedürfnissen der Kinder zu gestalten und sich als Fachkraft stärker in die Rolle der Beobachterin und Bildungsbegleiterin zu begeben, kommt es zu sehr emotional gefärbten Diskussionen im Team. Nicht alle Kolleginnen können sich mit der Vorstellung vertraut machen, Räumlichkeiten und Tagesablauf offener zu gestalten und sich mehr zurückzunehmen. Sie befürchten Kritik von Eltern sowie Chaos im Gruppengeschehen. Bei einigen Teammitgliedern entsteht das Gefühl, dass ihr bisheriges Engagement mit einem Mal als wertlos angesehen wird.

Zunächst geht es noch gar nicht darum, die wenig überzeugten Mitarbeiterinnen dazu zu bringen, ihre Arbeitsstruktur zu ändern. Der erste Schritt ist es, sie zu motivieren, die eigene Haltung zu überdenken und ihre Gefühle dazu wahrzunehmen. Vielleicht können die Kolleginnen nach dieser Auseinandersetzung den Wert der eigenen Arbeit gerade in der Rolle als professionelle Begleiterin – und nicht wie bisher als „Macherin" – erkennen. Oft sind es auch Befürchtungen bezüglich der Reaktionen von Eltern und anderen Beteiligten, welche die Fachkräfte daran hindern, ihre Schwerpunkte zu verändern.

In der Teamdiskussion kommt unter anderem die Frage auf: „Was ist, wenn jetzt keine Zeit mehr bleibt, ein Muttertagsgeschenk zu basteln, da die Kinder mit einem selbst gewählten Waldprojekt völlig ausgelastet sind?" Die Leitung des Kinderhauses „Sonnenschein" ist in diesem Fall gefordert, ihren Mitarbeiterinnen den nötigen Rückhalt zu geben und ein Konzept vorzustellen, wie sie die Eltern dazu einladen möchte, die Veränderungen mitzutragen.

Die weitere Motivationsarbeit der Leitung besteht dann darin, dass die anvisierten Veränderungen kontinuierlich umgesetzt werden. Voraussetzung dafür ist, dass sich Einstellungen und Überzeugungen bei den Mitarbeiterinnen verändern. Dies ist eng damit verbunden, dass der Wert und die Wirksamkeit der pädagogischen Arbeit wahrgenommen und gespiegelt werden. In der Phase der Erprobung und Umstrukturierung braucht es dazu immer wieder Feedback sowie das Gespräch über die gemachten Erfahrungen. Diese Auseinandersetzung ist ein ganz wichtiger Teil der Motivationsarbeit.

Intrinsische und extrinsische Motivation

Der Begriff Motivation ist auf das lateinische Verb „movere" zurückzuführen, was so viel heißt wie „etwas in Bewegung bringen". Sie ist die Antriebskraft, die einen Menschen dazu veranlasst, sich für etwas einzusetzen. Motivation braucht Anreize, damit etwas attraktiv wird und die Bereitschaft entsteht, sich zu bemühen und etwas zu verändern. Äußere Beweggründe sind zum Beispiel Anerkennung, Geld, Macht oder Sicherheit. Dann spricht man von extrinsischer Motivation. Menschen, die aus innerem Antrieb handeln, nennt man intrinsisch motiviert. Deren Motivation ist geprägt von der inneren Einstellung, einer starken Überzeugung und entsprechender Weltanschauung. Meistens kommt beides zusammen.

Praxisbeispiel

Aus der inneren Überzeugung heraus, dass besonders benachteiligte Kinder eine starke Unterstützung in unserer Gesellschaft brauchen, hat Karl R. den Beruf des Erziehers gewählt. Er führt diesen Beruf mit großer Leidenschaft aus. Im Freundeskreis kämpft er immer wieder um Anerkennung für seinen Beruf – und was am Ende des Monats auf seinem Konto landet, ist ihm auch nicht egal.

In erster Linie arbeiten Menschen, um Geld zu verdienen und ihren Lebensunterhalt zu sichern. Unternehmen nutzen dieses Bedürfnis nach Sicherheit und Wohlstand als Motivationshilfe, indem sie Mitarbeiter(inne)n, die sie gerne in ihrem Betrieb halten und zu mehr Leistung anspornen möchten, entsprechende materielle Vorteile versprechen. In Nonprofit-Organisationen wie Kitas ist dies nicht vorgesehen. Im Gegenteil: Eine engagierte Leitungskraft muss sich mit einem vergleichsweise schmalen Gehalt begnügen und erhält keine weiteren Vergünstigungen, wie zum Beispiel zusätzliche Urlaubstage, Dienstwagen usw. Allerdings können betriebliche Zusatzleistungen mit entsprechenden Steuervorteilen durchaus attraktive Anreize bieten.

Es sieht so aus, dass die Leitung einer Kita mehr für die intrinsische Motivation zuständig ist. Aber auch sie kann dazu beitragen, dass die äußeren Rahmenbedingungen so gestaltet sind, dass die Bereitschaft der Mitarbeiter/-innen für neue Aufgaben gestärkt wird. Kommen neue Aufgaben auf das Team zu, ohne dass Ressourcen angepasst werden (z.B. mehr Personal), kann sich die Leitung fragen: Was können wir stattdessen weglassen, wie lässt sich eine mögliche Zusatzbelastung durch neue Aufgaben im Team auffangen? Bezogen auf das oben genannte Beispiel zur Umsetzung von mehr Partizipation in der Kita könnte dies bedeuten, dass nicht mehr täglich gezielte Angebote stattfinden mussen, sondern mehr Zeit für Beobachtung und Dialog mit den Kindern bleibt. Methodische Hilfen zur Beobachtung von Lernsituationen können helfen, anfänglicher Unsicherheit gegenüber der neuen Aufgabe entgegenzuwirken.

Was motiviert pädagogische Fachkräfte, gute Arbeit zu leisten?

Der amerikanische Verhaltens- und Sozialpsychologe David McClelland (1917–1998) beschrieb in seiner Motivationstheorie drei Grundmotive: Leistung, Zugehörigkeit und Macht. Für Fachkräfte in Kindertageseinrichtungen lassen sich daraus folgende Grundmotive ableiten:

1. Pädagogische Fachkräfte wollen ihre Ziele erreichen und möchten, dass dies bemerkt wird. Und sie wollen stolz auf ihr Tun sein. Um dieses Bedürfnis aufzugreifen, ist es hilfreich, wenn die Leitung im persönlichen Mitarbeitergespräch individuelle Ziele erfragt bzw. die Fachkraft coacht, damit diese ihre Ziele herausfindet. Feedback, Gespräch und konkretes Lob unterstützen die Fachkraft dabei, diese zu erreichen.

2. Erfolg lässt sich genießen, wenn er durch andere bestätigt wird. Denn auf Anerkennung folgt meist auch Zugehörigkeit. Hier kann die Leitung einwirken, indem sie bestimmte Aufgaben zur Teamsache macht. Einzelne Mitarbeiter/-innen werden darin unterstützt, bestimmte Aspekte zu übernehmen. Teamarbeit ist in Kitas von zentraler Bedeutung, ein ausgeprägtes Wir-Gefühl trägt entscheidend zur Motivation bei.

3. Es ist nicht zielführend, dass jedes Teammitglied Macht ausübt. Angemessene Einflussnahme kann jedoch die Motivation aufrechterhalten, unter Umständen sogar steigern. Mitarbeiter/-innen, die ein permanentes Gefühl von Ergebnislosigkeit und Ohnmacht erleben, sind mit der Zeit demotiviert und neigen dazu, Dienst nach Vorschrift zu machen. Deshalb ist es ratsam, das Team bei Veränderungen immer mitzunehmen, Veränderungsschritte gemeinsam zu gehen und dabei Einflussnahme zu ermöglichen.

Freude am Tun und vielfältige Perspektiven schaffen Anreize

Motivation ist wichtig!

Es lohnt sich, wenn Sie sich als Leitung Gedanken über die Motivation Ihrer Mitarbeiter/-innen machen und darüber, wie Sie diese unterstützen können. Denn: Wem kommt sie schließlich zugute? In erster Linie natürlich der pädagogischen Arbeit und damit den Kindern. Gerade in der professionellen Begleitung von Kindern ist die Motivation zu Veränderung und Reflexion der Erziehungsziele wesentlich. Über die Kinder kommt die Motivation der Fachkräfte natürlich auch den Eltern zugute. Werden diese bei Veränderungsprozessen „mitgenommen“ und nicht nur vor vollendete Tatsachen gestellt, haben sie immer wieder die Gelegenheit, auch ihre Haltung zu überdenken und sich den veränderten Bedürfnissen und Anforderungen in der Kindererziehung anzupassen.

Für das Team ist Motivation für neue Aufgaben ein wechselseitiger Prozess. Ein ausgeprägtes Wir-Gefühl im Team unterstützt die einzelne Fachkraft darin, sich den veränderten Anforderungen motiviert zu stellen, denn sie kann sich darauf verlassen, dass sie diese nicht allein bewältigen muss. Andererseits bestärkt der Arbeitserfolg das Team in seinem Gefühl, welches geprägt ist von Zusammenhalt und Offenheit. Für ein Team, das sich gemeinsam stark fühlt und seine Wirksamkeit spürt, sind neue Aufgaben eine interessante Herausforderung.

Ein motiviertes Team mit Bereitschaft zu Weiterentwicklung und Veränderung strahlt diese Haltung auch gegenüber den Netzwerkpartnern im Sozialraum aus. Es tritt überzeugend nach außen auf und wird als innovative Kraft wahrgenommen. Veränderungen im Team und der eigenen Arbeitsweise setzen dann oft wirksame Impulse nach außen.

Das befriedigende Gefühl, gute Arbeit zu leisten, Unterstützung zu erfahren, Einfluss zu haben und mit ihrer Leistung gesehen zu werden, fördert überdies das individuelle Wohlbefinden der einzelnen Fachkraft und ist Teil einer ausgewogenen Gesundheitsprophylaxe. Gerade in sozialen Berufen muss darauf besonders geachtet werden! Pädagogische Fachkräfte, die ausgebrannt sind, lassen sich nicht mehr für neue Aufgaben begeistern. Sie müssen erst einmal selbst wieder zu Kräften kommen, um sich dann wieder für andere einsetzen zu können.

Veränderungsprozesse gestalten

Aller Anfang ist schwer. Sind Veränderungsprozesse notwendig geworden, gibt eine strukturierte Vorgehensweise Halt und Orientierung.

1. Authentisch und Vorbild sein

Seien Sie sich bewusst, dass Sie als Leitung ein Zugpferd für Ihre Mitarbeiter/-innen darstellen. Nur wenn Sie selbst Ihre Werte klar und authentisch leben, können Sie von Ihrem Team dasselbe erwarten. Authentisch bleiben heißt, dass Sie durchaus selbst mögliche Zweifel oder Unsicherheit bezüglich mancher Veränderung äußern dürfen. Wesentlich ist der konstruktive Umgang damit: Was macht das mit mir? Welche Gefühle kommen auf? Welche Schritte kann ich gehen?

2. Gemeinsame Basis herstellen und individuelle Stärken nutzen

Teamfortbildungen und Klausurtage geben zunächst eine grundsätzliche gemeinsame Basis. Um das Engagement für die neue Aufgabe zu erhalten, sollten Sie Ihren Mitarbeiter(inne)n darüber hinaus ermöglichen, sich weiterzuentwickeln. Erkennen Sie individuelle Fähigkeiten und fördern Sie diese durch entsprechende Maßnahmen, Zugeständnisse und Gestaltungsmöglichkeiten.

3. Ziele als überschaubare Zwischenschritte setzen

Vereinbaren Sie individuelle Ziele und planen Sie regelmäßige Feedbackgespräche ein. Geben Sie den Mitarbeiter(inne)n dabei Raum, ihre Erfahrungen einzubringen, und unterstützen Sie sie dabei, gute Lösungen zu finden. Coaching von Mitarbeiter(inne)n bedeutet, dass sie in die Lage kommen, sich eigene Ziele in die richtige Richtung zu setzen und engagierter sind, diese auch umzusetzen.

4. Balance zwischen Lob und Anregung finden

Müssen neue Aufgaben umgesetzt werden, brauchen die Mitarbeiter/-innen immer wieder Ihre Rückmeldung. Sie können diese in Form von Lob äußern: „Es hat mir sehr gut gefallen, als Sie neulich …“ Kritik kann in Form von Anregung und Ermutigung geäußert werden: „Versuchen Sie doch mal …“

5. Den Veränderungsprozess evaluieren

Regelmäßige Treffen sind notwendig, bis sich die Veränderung in der Einrichtung etabliert und sich ein gemeinsames Selbstverständnis dazu entwickelt hat. Den Mitarbeiter(inne)n soll nicht das Gefühl vermittelt werden, routinemäßig funktionieren zu müssen. Erfahrungen, Kritik und Verbesserungsvorschläge sollten gehört, verschiedene Möglichkeiten der Umsetzung geprüft werden.

6. Den Erfolg feiern

Nutzen Sie Anlässe, um gemeinsam Erreichtes zu feiern, und würdigen Sie dabei die Teamleistung. Zeigen Sie auf, dass jedes Teammitglied bedeutsam ist, damit die neue Aufgabe umgesetzt werden kann. Dies stärkt das Wir-Gefühl im Team und die Entwicklung wird von allen mitgetragen. Wenn Trägern von Kitas eine qualitativ hochwertige Arbeit wichtig ist, sind sie gut beraten, hierfür einen angemessenen Etat zur Verfügung zu stellen.

Fazit

Neue Aufgaben ergeben sich durch veränderte gesellschaftliche Voraussetzungen. Eine lebendige Kita kann sich dem nicht verschließen, sondern braucht eine Kultur, diese Aufgaben anzunehmen und in den Alltag zu integrieren. Jede pädagogische Fachkraft ist dabei gefordert! Als Leitung sollten Sie notwendige Veränderungsprozesse strukturieren und Ihre Mitarbeiter/-innen motivieren und dabei unterstützen, Veränderungen mitzutragen.

Literatur

Meyn, K./Walther, J. (2014): Der „Kindergarten“ im Wandel. Aktuelle Rahmenbedingungen und Herausforderungen für Kindertageseinrichtungen. In: Dieckbreder, F. et al. (Hrsg.): Kita-Management. Haltungen – Methoden – Perspektiven. Göttingen: Vandenhoeck & Ruprecht, S. 11–29.

6. Die kollegiale Beratung

Kollegiale Beratung orientiert sich an der Philosophie der Prozessberatung (siehe Kasten S. 50). Ihr liegt die Idee zugrunde, dass Menschen aus ähnlichen Arbeitsfeldern einander bei beruflichen Problemen beraten können, daher ist kein externer Berater anwesend. Stattdessen bekommt die Gruppe eine Beratungsstruktur an die Hand, die relativ einfach und zugleich zielführend ist. „Kollegiale Beratung ist ein strukturiertes Beratungsgespräch in einer Gruppe, in dem ein Teilnehmer von den übrigen Teilnehmern nach einem feststehenden Ablauf mit verteilten Rollen beraten wird mit dem Ziel, Lösungen für eine berufliche Schlüsselfrage zu entwickeln“ (Tietze 2003, S. 11).

Wesentlicher Aspekt dieses Konzepts ist die Kollegialität, die durch folgende Merkmale charakterisiert wird:

1. Die Bereitschaft der Kolleg(inn)en, sich gegenseitig zu helfen, statt in Konkurrenz miteinander zu treten, ist vorhanden.
2. Die Teilnehmenden sind im Berufsalltag Kolleg(inn)en oder arbeiten in einem vergleichbaren Tätigkeitsfeld.
3. Die Beratungsbeziehung ist von Gegenseitigkeit und wechselnden Rollen geprägt. Es gibt keine gleichbleibend feste Rollenaufteilung.
4. Die Gruppenmitglieder sind in Bezug auf ihre Erfahrungen, Wortmeldungen und Ideenbeiträge als gleichwertig anzusehen (vgl. ebd., S. 14ff.).

In Kindertageseinrichtungen kann kollegiale Beratung eine hilfreiche und effektive Methode darstellen, um trotz Zeitmangels zu guten Ergebnissen zu kommen und folgende Ziele zu erreichen:

- Selbstwahrnehmung und Selbstreflexion erweitern,
- Alternativen entdecken und eigene Perspektiven ausbauen,
- die Gruppe als Spiegel nutzen lernen,
- vom Expertenwissen und Erfahrungen anderer profitieren und andere profitieren lassen (vgl. Spangler 2012, S. 18).

So funktioniert kollegiale Beratung

Im Kontext Kita wird kollegiale Beratung als ein Verfahren zur Moderation und Gestaltung eines berufsbezogenen Selbsthilfe- oder Reflexionsprozesses verstanden. Mitarbeiter/-innen einer Kita bilden einen Gesprächskreis, um sich gegenseitig zu Problemsituationen oder im Rahmen von Fallbesprechungen zu beraten. Durch die gemeinsame Suche nach Lösungsmöglichkeiten unterstützen sie sich mit ihrer persönlichen und fachlichen Kompetenz gegenseitig oder reflektieren ihre berufliche Situation. Anders als in einer Team- oder Dienstbesprechung steht also eine berufsbezogene Problematik, die von einer pädagogischen Fachkraft eingebracht wurde, im Mittelpunkt. Im Rahmen der kollegialen Beratung ist die Kommunikation untereinander strukturiert und formalisiert, um das anstehende Problem klar beschreiben und ergebnisorientiert bearbeiten zu können. Die Teilnehmer/-innen einer kollegialen Beratung setzen sich naturgemäß häufig aus Teammitgliedern zusammen. Dies ist jedoch nicht zwingend. So können sich auch pädagogische Fachkräfte aus verschiedenen Kitas treffen. Der auf Kollegialität gerichtete Fokus verdeutlicht, dass zwischen den Mitgliedern innerhalb der Beratungssituation keine hierarchischen Unterschiede bestehen. Die Rollen werden allein durch das Verfahren bestimmt, nicht durch die Positionen der einzelnen Mitarbeiter/-innen. Alle Beteiligten handeln nicht auf Anweisung eines Experten, sondern sind sich der eigenen Verantwortung bewusst.

Die wichtigsten Formen der Beratung

Das Ziel von Beratung ist der Gewinn neuer Informationen, die es der ratsuchenden Person ermöglichen, Veränderungen und Lösungen einer bestimmten Situation oder eines Problems herbeizuführen. Folglich richten sich Beratungsgespräche danach aus, Wissensrückstände aufzuarbeiten, Alternativen aufzuzeigen und Entscheidungshilfen zu geben. Dabei sollte der/die Ratsuchende unbedingt von einer außenstehenden Person, die über fachliche Kompetenz verfügt, begleitet werden. Findet diese Begleitung durch Experten statt, wird das als **Expertenberatung** (vgl. Schein 1987) bezeichnet. Sie ist hilfreich, wenn zum Beispiel in der Kita ein neues Computerprogramm zur Erfassung der Buchungszeiten angeschafft wird und das Team eine Anwenderschulung durch einen Spezialisten erhält. Den Gegenpol zur Expertenberatung bildet die von Edgar H. Schein entwickelte **Prozessberatung**. Diese Form dient der Lösung komplexer Situationen, beispielsweise wenn in der Kita ein Leitbild der Einrichtung entwickelt werden soll oder Teamkonflikte auftreten. Der Prozess wird durch einen Coach oder Supervision begleitet. Der Prozessberater muss nicht unbedingt mit der Materie vertraut sein, sondern ist Experte für die Gestaltung von dynamischen Beratungsprozessen. Die Ratsuchenden erarbeiten sich die Problemlösung weitestgehend selbst und behalten dabei die Verantwortung für das Ergebnis. Dahinter steckt eine eigene Philosophie: „Man kann einem System nur helfen, sich selbst zu helfen" (Schein 2003, S. 16). Häufig werden in Kitas **gemischte Beratungsformen** genutzt, zum Beispiel bei der Entwicklung einer pädagogischen Konzeption. Der begleitende Coach hat sowohl den nötigen Einblick in die Anforderungen einer Kita als auch die Kompetenz, gruppendynamische Prozesse zu steuern.

Auf diese Kriterien kommt es an

Das Prozedere der kollegialen Beratung ist von folgenden Merkmalen gekennzeichnet:

- Arbeit in der Gruppe: Erforderlich sind sechs bis zehn Teilnehmer/-innen, da sich dadurch erst das Potenzial der Methode erschließt. Werden nicht alle Rollen besetzt, so lässt sich die Methode evtl. auch mit fünf Personen durchführen. Sind weniger Teilnehmer/-innen in einem Team, kann die erwünschte Wirkung eher selten erreicht werden. Evtl. bietet sich der Zusammenschluss mit dem Team einer anderen Einrichtung an. Dies würde die Vielfalt der gewonnenen Perspektiven erheblich erweitern.
- Selbststeuerung ohne Externe: Die pädagogischen Fachkräfte bringen ihr Expertenwissen und ihre jeweilige Perspektive ein; die jeweilige Methode dazu haben sie sich angeeignet und setzen diese selbstständig um.
- Fester Ablauf: Ein gleichbleibender Ablauf in sechs Schritten erleichtert die Durchführung, ermöglicht eine kontinuierliche Arbeit und befähigt alle Beteiligten, die unterschiedlichen Rollen einzunehmen.
- Transparenz der Methode: Der Ablauf und die Methode sind allen Beteiligten bekannt. Nur so können die notwendigen Schritte eingehalten werden. Die Vorgehensweise ist dadurch für alle berechenbar, das ermöglicht Sicherheit und Verlässlichkeit.
- Arbeits- und Rollenverteilung: Zu Beginn jeder Beratung erhält jede/-r Teilnehmer/-in eine bestimmte Rolle. Erst eine verantwortungsvolle Umsetzung derselben ermöglicht den Erfolg des gegenseitigen Beratungsprozesses.
- Aktive Beteiligung: Passive Teilnehmende behindern den Erfolg, wenn sie ihre Kompetenzen und ihr Erfahrungspotenzial nicht einbringen.
- Fokussierung auf berufliche Themen: Im Mittelpunkt stehen Themen mit direktem Bezug zur Arbeitswelt.

Ein Rollenspiel mit festgelegten Funktionen

Einzelne Rollen in der kollegialen Beratung sind vorgegeben, dadurch ist die Aufgabenteilung klar strukturiert. Um die Gleichrangigkeit der Teilnehmer/-innen zu gewährleisten, sollten die Rollen zu Beginn jeder Sitzung neu verteilt werden (bei der Beschreibung der Rollen wird im Folgenden aus Lesbarkeitsgründen die weibliche Form gewählt):

Die Fallerzählerin schildert die Fallsituation sowie ihre aktuelle Sichtweise dazu. Abschließend formuliert sie eine konkrete Schlüsselfrage. Außerdem steht ihr die Auswahl der Beratungsmethode zu, falls mehrere Methoden (siehe unten) zur Debatte stehen. Zunächst beteiligt sie sich nicht an den Gesprächen, sondern hört den Beraterinnen zu und notiert eventuell, was ihr wichtig erscheint. Erst am Ende der Runde klinkt sie sich wieder ein und schildert ihre Sichtweisen und Erkenntnisse.

Die Moderatorin leitet die Beratungsrunde. Sie unterstützt die Fallerzählerin durch aktives Zuhören und deutliche Präsenz, achtet darauf, dass diese ohne Unterbrechungen sprechen kann und eine Schlüsselfrage stellt. Ggf. macht sie sich Notizen. Während der Beratungsphase sorgt sie für die Einhaltung von Gesprächsregeln, Zeitrahmen und Methode sowie für einen klaren Abschluss der Beratung.

Die Beraterinnen hören während der Erzählung zunächst aufmerksam zu und stellen, falls nötig, klärende (Sach-)Fragen. Danach nehmen sie eine aktive Rolle ein, indem sie ihre Gedanken, Kenntnisse, Perspektiven und vertiefenden Fragen zu der geschilderten Situation einbringen. Letztendlich entscheidet aber die Fallerzählerin, was zur Beantwortung ihrer Schlüsselfrage hilfreich ist.
Für einen gelingenden Prozess ist die Einhaltung der genannten Rollen unabdingbar. Zusätzlich können weitere hilfreiche Rollen installiert werden:

Die Sekretärin stellt sicher, dass alle Ideen, Gedanken und Lösungsansätze für die Fallerzählerin schriftlich fixiert werden. Dabei schreibt sie wörtlich auf einem Notizblock oder Flipchart mit. Es ist nicht ihre Aufgabe, die Aussagen der Beraterinnen zusammenzufassen. Der Einsatz der Sekretärin ist abhängig von der Größe der Gruppe; es sollten mindestens drei Beraterinnen übrig bleiben.

Die Prozessbeobachterin nimmt während der gesamten Durchführung nicht am Geschehen teil, sondern beobachtet die kollegiale Beratung von außen. Hilfreich ist es, wenn sie sich dazu außerhalb des Kreises befindet und Notizen über den Verlauf macht. Die Gruppe wird so unterstützt, die Durchführung der kollegialen Beratung zunehmend zu professionalisieren und die eigenen Rollen konsequenter einzuhalten.

Die „Fallerzählerin" notiert, was ihr wichtig erscheint

Die gängigsten Methoden – eine Auswahl

Der Ablauf einer kollegialen Beratung lässt sich in sechs Phasen unterteilen (vgl. Tietze 2012, S. 60ff.). Wie bereits erwähnt, lassen sich in Phase 5 (Beratung) unterschiedliche Methoden einsetzen, um sich in die geschilderte Situation besser hineinzuversetzen und die Wahrnehmung dafür zu schärfen. Hier eine Auswahl:

- Brainstorming: Freie Assoziationen zur Schlüsselfrage kommentarlos einbringen, evtl. auf Moderationskarten schreiben und in der Mitte sichtbar ablegen.
- Resonanz: Welche Gefühle und Stimmungen löst die geschilderte Situation bei den einzelnen Beraterinnen aus?
- Paradoxe Intervention: Die Schlüsselfrage umkehren, zum Beispiel: Wie müsste sich die Fallerzählerin verhalten, damit sich die Situation garantiert verschlimmert?

Die sechs Phasen einer kollegialen Beratung

Phase	Inhalt	Aufgabe	Dauer in Minuten
1	Casting	Besetzung der einzelnen Rollen (s. S. 51)	5
2	Spontanerzählung	Kurzer Überblick über die Situation und den aktuellen Kenntnisstand dazu	5–10
3	Schlüsselfrage	Fokussierung der Beratungsaufgabe durch eine klare und konkrete Schlüsselfrage zu der oben geschilderten Situation	5
4	Methodenauswahl	Zur Beratung sind verschiedene Methoden möglich; deren Einsatz wird von der Moderatorin entscheidend mitgestaltet, die Fallerzählerin hat ein Vetorecht.	5
5	Beratung	Die Beraterinnen stellen im Sinn der vereinbarten Methode ihre Sichtweisen, Erfahrungen und Kenntnisse zur geschilderten Situation zur Verfügung.	10–15
6	Abschluss	Die Fallerzählerin gibt der Gruppe Rückmeldung darüber, was ihr hilfreich und unterstützend erschien. Die Moderatorin achtet darauf, dass der Raum dafür vorhanden ist, und schließt die Sitzung. Die Fallerzählerin bedankt sich bei der Gruppe.	5
Gesamtdauer			35–45

- Sharing: Welche eigenen Situationen fallen den Beraterinnen dazu ein? Welche Parallelen zeigen sich zur geschilderten Situation?
- Der erste Schritt: Wie könnte der erste Schritt zu einer Lösung ermöglicht werden?
- Erfolgsmeldungen: Faktoren schildern, die zu positiven Veränderungen in ähnlichen Situationen führten.
- Ausschluss: Nach ihrer Erzählung verlässt die Fallerzählerin den Kreis und notiert sich die für sie relevanten Aspekte der Beraterinnen. Alles andere lässt sie weg. Zur Abschlussrunde kommt sie in den Kreis zurück und liest ihre Notizen vor (in diesem Fall entfällt die Rolle der Sekretärin).
  (Siehe Fallbeispiel S.53)

Grenzen und Chancen

Die Grenzen der kollegialen Beratung werden schnell erkannt, wenn organisatorische (z.B. Qualitätsmanagement) oder funktionale Probleme (z.B. Dienstplan) gelöst werden müssen. Hier ist unter Umständen Coaching durch einen Experten bzw. eine Expertin sinnvoller. Schwierig gestaltet sich der Prozess der kollegialen Beratung auch dann, wenn alle Beteiligten gleichermaßen von einem Problem betroffen sind oder Konflikte zwischen Teilnehmer(inne)n der Gruppe thematisiert werden sollen. Besteht in solchen Fällen Beratungsbedarf, muss auf andere Beratungsformen wie zum Beispiel Supervision zurückgegriffen werden. Ebenso wenig ist die kollegiale Beratung bei privaten oder persönlichen Themen angebracht. Ansonsten stellt sie eine gute Möglichkeit dar, Fragestellungen im kompetenten Team zu bearbeiten und neue Ideen und Sichtweisen dazuzugewinnen. Aufgrund des relativ geringen Zeitaufwands kann diese auch bei begrenzten Kapazitäten eingesetzt werden. Ebenso entfallen weitere finanzielle Aufwendungen und eine längerfristige Organisation im Vorfeld. So kann die kollegiale Beratung bei Situationen und Problemen, in denen verschiedene Kompetenzen sinnvoll gebündelt werden, schnell und unkompliziert Hilfe bringen.

Beratungssituation konkret – ein Fallbeispiel

Die heikle Situation zwischen ihr und der Mutter eines ihrer Gruppenkinder beschäftigt die Erzieherin Sophia W. stark. Sie sucht nach einer Lösung und bringt deshalb das Thema als Fallerzählerin ein: Der 6-jährige Leon findet kaum Anschluss in der Gruppe, steigert sich in starke Gefühlsausbrüche und Krankheitssymptome hinein und wirkt bei den meisten Aktivitäten übermäßig aktiv und unruhig. Schon seit einiger Zeit möchte Sophia W. darüber mit der Mutter des Jungen ein Gespräch führen, fühlt sich aber durch deren Haltung völlig blockiert. Einerseits wirkt Leons Mutter stark überfordert, was sich mehrmals beim Abholen des Kindes zeigt. Andererseits wehrt sie die Kontaktversuche der Erzieherin schnell und aggressiv ab. Die Erzieherin versucht deshalb, freundlich auf sie einzuwirken. Doch je mehr sie sich bemüht, desto abweisender reagiert die Mutter. Sophia W. ist sowohl verunsichert als auch verärgert, gleichzeitig fühlt sie sich von der Mutter abgelehnt. Darüber hinaus steht sie stark unter Druck, denn so kommt sie auch mit Leon nicht weiter. Ingrid L., eine Kollegin aus der Krippengruppe derselben Einrichtung, übernimmt die Rolle der Moderatorin. Sie fordert Sophia W. auf, eine Fragestellung zu formulieren. Nach einigen gemeinsamen Überlegungen ergibt sich folgende Schlüsselfrage: „Wie komme ich an Leons Mutter heran, um mit ihr die Situation ihres Sohnes zu besprechen?" Eine andere Kollegin hat die Rolle der Sekretärin übernommen und wird die Beiträge der Beraterinnen auf einem Flipchart notieren. Die Moderatorin bittet Sophia W., sich außerhalb des Kreises zu setzen und den Überlegungen der Kolleginnen einfach nur zuzuhören. Da Sophia W. selbst schon mehrfach als Moderatorin für ihre Kolleginnen fungierte, ist ihr das Verfahren nicht neu und sie kann der Vorgehensweise vertrauensvoll zustimmen. In einer ersten Runde fordert die Moderatorin die Beraterinnen auf, ihre Empfindungen und Gefühle zu äußern. Einige zeigen, dass sie sich sehr gut in die Situation ihrer Kollegin hineinversetzen können und bereits ähnliche Gefühle in vergleichbaren Situationen erlebten. Andere sind verwundert, da sie Leons Mutter bei Feiern und anderen Gelegenheiten fröhlich und aufgeschlossen erlebten. In der anschließenden Beratungsrunde schildern die Teilnehmerinnen ihre Sichtweisen, die auf dem Flipchart notiert werden. Einige davon lauten:

- Leons Mutter ist stark überfordert.
- Sie fühlt sich in ihrer Kompetenz als Mutter nicht anerkannt.
- Sie hat Angst, sich einzugestehen, dass sie die Situation ihres Sohnes überfordert, denn dies entspricht nicht ihrem Bild einer guten Mutter.
- Das Verständnis der Erzieherin empfindet die Mutter als herabsetzend, sie erlebt sich dadurch nicht auf Augenhöhe mit der Erzieherin.
- Sophia W. kann die Mutter zunächst so akzeptieren, wie sie ist. Deren Verhalten hat nichts mit der Erzieherin persönlich zu tun.
- Leons Mutter hat oft keine Zeit, da sie beruflich stark eingespannt ist.
- Sie hat Angst um den Kindergartenplatz.
- Erziehungspartnerschaft braucht Zeit zu wachsen, sie ist nicht einfach da.
- Hilfreich könnten Gesprächstechniken sein, wie zum Beispiel Gefühle und Ausdrucksformen widerzuspiegeln.
- Usw.

Nach ca. 15 Minuten setzt sich Sophia W. wieder in den Kollegenkreis. Vor allem die Sichtweise, dass die abweisende Haltung von Leons sonst so aufgeschlossen und fast dominant wirkender Mutter Ausdruck ihrer Ängste um ihren Sohn sein könnte, beschäftigt die Erzieherin sehr. Aber auch andere Tipps, zum Beispiel bestimmte Gesprächstechniken anzuwenden, scheinen ihr hilfreich zu sein. Sophia W. hat nun neue Perspektiven zu der geschilderten Situation gewonnen und nimmt sich vor, mit mehr Abstand, aber gleichzeitig professionell auf die Reaktionen von Leons Mutter einzugehen. Voller Zuversicht geht sie auf eine weitere Zusammenarbeit zu.

Fazit

Kollegiale Beratung kann immer dann eingesetzt werden, wenn berufliche Fragestellungen dies notwendig erscheinen lassen. Durch regelmäßige Durchführung kommt man schneller in die jeweilige Rolle und kann diese dann auch effektiver nutzen. Da es sich um eine berufliche Form der Teamarbeit handelt, sollte diese in den Diensträumen durchgeführt werden. Günstig ist es, einen Stuhlkreis zu bilden, da sich die Teilnehmer/-innen in der Regel dann mehr öffnen.

Literatur

Schein, E. H. (1987): Organization Development and Change. Ohio.

Schein, E. H. (2003): Prozessberatung für die Organisation der Zukunft. Bergisch Gladbach: Andreas Kohlhage.

Spangler, G. (2012): Heilbronner Modell der sozialen Beratung. Nürnberg: Mabase.

Tietze, K.-O. (2003): Kollegiale Beratung. Reinbek: Rowohlt.

Selbstreflexion: Wie erlebe ich mein Team?
(erstellt von Michael Pfreundner)

1. Atmosphäre

offen					verschlossen
entspannt					angespannt
vertrauensvoll					misstrauisch
humorvoll					verbissen
wertschätzend					ablehnend
stabil					unberechenbar

2. Kommunikation

intensiver Austausch					zurückhaltend
wechselseitig					einseitig
klar					unklar
Meinungen werden respektiert					finden keinen Platz
ehrliches Feedback					wird vermieden

3. Gemeinsame Ziele und Aufgaben

übereinstimmend					individuelle Interpretation
Aufgaben werden gemeinsam gelöst					eher im Alleingang
aktive Beteiligung					passive Haltung
gemeinsames Bedürfnis					Eigeninteresse
veränderte Aufgaben werden kreativ angegangen					Erstarrung, feste Denkmuster

4. Zusammenarbeit

Ressourcen werden optimal genutzt					werden nicht eingesetzt
Kenntnisse/Ergebnisse werden mitgeteilt					werden zurückgehalten
konstruktiv					destruktiv
flexibel					starr

5. Entscheidungsfähigkeit

entscheidungsfähig					unentschlossen
Akzeptanz gemeinsam getroffener Entscheidungen					werden infrage gestellt
abweichende Meinungen werden diskutiert					werden nicht zugelassen

6. Konflikte

werden offengelegt					verborgen
konstruktive Auseinandersetzung					destruktive Auseinandersetzung
werden ernst genommen					werden bagatellisiert

7. Rollen

eindeutig					unklar
klare Zuständigkeit					Zuständigkeit ungeklärt
Aufgaben werden angenommen					nicht angenommen

Reflexion:

Wie zeigt sich mir die Situation meines Teams?

- Welche Ressourcen werden bei meinem Team deutlich?
- Wann wird konstruktive Zusammenarbeit deutlich?
- In welchen Situationen kommen kreative Impulse zum Ausdruck?
- Wie werden diese wahrgenommen?
- Wie kann ich mich authentisch einbringen?
- Was stärkt mich als Leitung?
- Wie gehe ich als Leitung damit um?

Unser aktuelles Thema im Team?

Methodenübersicht

Methode	Kapitel	Seite
Konsensverfahren	Gemeinsam Entscheidungen treffen und tragen	**9**
Delegation von Aufgaben	Hierarchien und die Kunst des Delegierens	**14**
Supervision	Widerstände, Konflikte und Krisen im Team	**15**
Konfliktphasen im Team erkennen und angemessen reagieren	Widerstände, Konflikte und Krisen im Team	**16**
Kritik konstruktiv äußern	Wertschätzende Kommunikation	**20**
Vier Schritte	Wertschätzende Kommunikation	**22**
Abschiedsritual gestalten	Mitarbeiter/-innen wertschätzend verabschieden	**28**
Phasen erkennen und begleiten	Wie aus einer Gruppe ein Team wird	**31**
Kommunikationsempfehlungen für Teams	Entwicklung eines Wir-Gefühls	**36**
Stärken und Ressourcen von Mitarbeiter(inne)n aktivieren	Individuelle Fähigkeiten und Stärken für das Team nutzen	**38**
Zielbestimmung mit der SMART-Methode	Wie Teams gemeinsame Ziele entwickeln	**44**
Veränderungsprozesse gestalten	Motivation im Team fördern	**48**
Kollegiale Beratung	Die kollegiale Beratung	**49**

Danksagung

Ich danke allen mutigen und entschlossenen pädagogischen Fachkräften und Kita-Teams, die sich engagiert auf Supervisionsprozesse und Teamfortbildungen eingelassen haben, um die Qualität ihrer Zusammenarbeit weiterzuentwickeln. Ich danke allen Kita-Leitungen, die sich dafür eingesetzt und an unseren Fortbildungen für Führungskräfte in sozialpädagogischen Arbeitsfeldern teilgenommen haben. Sie alle haben mit ihrer Arbeit maßgeblich dazu beigetragen, dass dieses Heft geschrieben werden konnte. Die zahlreichen Praxisbeispiele stammen aus diesen Prozessen und Begleitungen.
Weiter danke ich meiner Frau, Lioba Wagner-Pfreundner, mit der zusammen ich Fortbildungen zur Teamentwicklung sowie Leitungsfortbildungen durchführen darf. Sie gestaltet wesentliche Teile der Seminare, gibt mir wertvolle Anregungen und hinterfragt immer wieder kritisch verschiedene Aspekte meiner schriftlichen Ausführungen.
Ich danke meiner Lektorin Carolin Küstner, die die Anregung zu diesem Heft gab und viel Vertrauen in meine Arbeit setzte. Durch ihre wertschätzende und konstruktive Kritik und Unterstützung drehte sie an wesentlichen Schräubchen, sodass unter anderem auch der praktische Bezug durchweg gewährleistet blieb.

Wenn Sie Fragen haben, Ihre Erfahrungen mitteilen möchten oder interessiert sind an weiterführenden Fortbildungen, besuchen Sie bitte meine Homepage www.paedaktuell.de oder wenden Sie sich direkt per E-Mail an mich: Michael.Pfreundner@t-online.de.
Ich freue mich über Ihr Feedback!

Impressum

leiten kompakt: Teamentwicklung ist ein Sonderheft von kindergarten heute – Das Fachmagazin für Frühpädagogik

Redaktion
Carolin Küstner (verantw.)
Franziska Aehlen

Anschrift der Redaktion
Hermann-Herder-Str. 4
79104 Freiburg
Tel.: 0761 / 2717-322
E-Mail: redaktion@kindergarten-heute.de
www.kindergarten-heute.de

Verlag

www.herder.de

Bildnachweis
Titelfoto: Jacob Lund – Fotolia.com
Fotos S. 3, 4, 10, 12, 18, 20, 24, 29, 38, 42, 47, 51: Hartmut W. Schmidt, Freiburg
Fotos S. 9, 15, 32, 36, 41, 44, 48: Trueffelpix – Fotolia.com
Foto S. 30: alotofpeople – Fotolia.com
Foto S. 33: Sarote – Fotolia.com

Layout, Satz und digitale Bearbeitung
rsrdesign, Wiesbaden, www.rsrdesign.de

Druck
DZS Grafik, Ljubljana

Leserservice
Verlag Herder GmbH
Hermann-Herder-Str. 4, 79104 Freiburg
Tel. 0761/2717 - 379 oder 0761/2717 - 244
Fax: 0761/2717 - 249
E-Mail: kundenservice@herder.de

Kontakt Produktsicherheit
produktsicherheit@herder.de

Gedruckt auf chlorfrei gebleichtem Papier

Printed in Slovenia

Titelnummer 698
ISBN Print: 978-3-451-00698-2
ISBN E-Book (PDF): 978-3-451-81244-6